PASAPORTE HACIA EL ÉXITO

PASAPORTE HACIA EL ÉXITO

Carmen Pina

12 ESCALAS PARA LOGRAR TUS SUEÑOS

mr

Diseño de cubierta: Planeta Arte & Diseño
Fotografía de portada: © Ninez Mínguez, 2025
Diseño de interior: María Pitironte
© Recursos de interior: María Pitironte, a partir de los originales de Shutterstock

Ediciones Martínez Roca, sello editorial de Editorial Planeta, S. A.
Avda. Diagonal, 662-664, 08034 Barcelona
www.mrediciones.es
www.planetadelibros.com

Primera edición: junio de 2025
ISBN: 978-84-270-5399-1
Depósito legal: B. 9.825-2025
Preimpresión: Safekat, S. L.
Impresión: Huertas, S. A.

*Espero que este libro te sirva
de brújula en tu viaje hacia
el éxito. Recuerda que el
autentico pasaporte no es un
documento, sino tu mentalidad,
tu esfuerzo y tu determinación.
Atrévete a soñar en grande,
a tomar acción y a conquistar
el mundo que te espera.*

ÍNDICE

Primera parte

PLANIFICA TU ÉXITO

1

DEFINE *el* ÉXITO

PIENSA EN LO QUE EL ÉXITO SIGNIFICA PARA TI

El éxito es un concepto muy difícil de definir, es completamente diferente para cada persona. Una persona puede sentirse exitosa por tener un buen puesto en una empresa para la que trabaja como asalariada. Para otra persona, puede que el éxito sea montar un pequeño negocio donde tenga sus clientes fijos y le dé para vivir sin tener que rendir cuentas a nadie. Al ser algo tan subjetivo y que depende tanto de cada persona, se dice que el éxito es llegar a conseguir eso con lo que soñamos.

Cada persona tiene unos sueños y metas muy diferentes.

Incluso me atrevo a decir que lo que una misma persona entiende como «éxito» puede cambiar a lo largo del tiempo.

Además, el éxito no es solo a nivel laboral, hay muchas áreas de tu vida donde puedes tener éxito, como por ejemplo las siguientes:

1. **Personal.** Para mí esta es la más importante, ya que se refiere a que te sientas bien emocionalmente, que tengas buenas relaciones con tu pareja (si es que la tienes), amigos y familia, y que te desarrolles personalmente.

2. **Profesional.** No solo se trata del dinero que ganes, sino de que te sientas realizada con lo que haces. Vas a pasar muchas horas trabajando a lo largo de tu vida, será mejor que te guste lo que haces, ¿no?

3. **Económica.** Sentirte tranquila pase lo que pase y saber que económicamente vas a estar bien te proporcionará estabilidad y bienestar.

Para que seas capaz de definir tus propios sueños, te propongo que respondas a estas preguntas. Tómate tu tiempo para hacerlo y no tengas miedo a lo que puedas sentir o pensar.

¿Qué significa para ti ser exitosa? ¿Qué tendrías que conseguir, ser o tener?

....

....

....

¿Cuáles son tus sueños y objetivos? (No pienses solo a corto plazo, piensa también en qué te gustaría conseguir dentro de un año, de cinco y de diez).

....

....

....

¿Lo tienes? Genial, ahora ya sabes qué es para ti sentirte exitosa, tus sueños y objetivos. Y, lo que es más, **¡has dado el primer paso para conseguirlo!**

USA TU PASIÓN COMO MOTIVACIÓN

Un gran aliado en tu camino para alcanzar el éxito es la pasión: no hay nada mejor para lograr lo que te propongas que sentir pasión por lo que haces. Cuando algo te gusta mucho, lo vas a hacer desde un lugar muy diferente a cuando haces algo porque «te toca».

**SI SIENTES PASIÓN,
TE LEVANTARÁS CADA MAÑANA
CON ILUSIÓN Y GANAS,
Y ESTO HARÁ
QUE SEAS EXCELENTE.**

Esta frase te la digo por experiencia propia. Hace unos años, antes de fundar Agencia Crecer, trabajé en otras empresas gestionando diferentes departamentos. A pesar de que en esas otras empresas tenía amigos, no era feliz. No me hacía feliz levantarme pronto, tener que ir a una oficina, cumplir con un horario, trabajar por los sueños de otra persona y un largo etcétera. Desde que dejé las empresas y empecé a trabajar en lo que a mí me gusta para cumplir mi propio sueño, cada día me levanto ilusionada. Me da igual que sea lunes o domingo, trabajo igual de motivada. Aquí, amiga, es donde está la clave: busca un trabajo que te apasione tanto que lo harías gratis (aunque obviamente es importante que te dé dinero).

Pero... ¿cómo puedes encontrar tu pasión? Aquí tienes algunas preguntas que te puedes hacer para encontrar lo que realmente te hace feliz:

- **¿Qué es lo que más te gusta hacer?** Haz una lista de aquellas cosas que te encanta hacer, con las que no te pones a mirar la hora y que te hacen feliz. Por ejemplo, a mí me apasionan las redes sociales y ayudar a las personas, por eso creé Agencia Crecer, donde podía poner en práctica estas dos pasiones.

- **Cuando eras pequeña, ¿qué es lo que soñabas con hacer?** Yo desde que tengo uso de razón siempre he dicho que me iba a quedar con la empresa de mi padre. Siempre he tenido el sueño de liderar una empresa. ¿Y adivina qué? Veinte años más tarde, eso estoy haciendo.

- **¿Qué habilidades tienes que pueden ayudarte a vivir una vida con propósito?** A mí se me da bien comunicarme con la gente y soy muy creativa. Estas dos cualidades se alinean con lo que me apasiona y con mi propósito de vida.

Si aún no has encontrado nada en lo que sientas que eres realmente buena, prueba cosas nuevas, como pueden ser talleres o cursos que te parezcan interesantes. Yo me he inscrito desde que tengo diecinueve años en cursos y eventos de emprendimiento que han reafirmado que mi pasión iba por ahí.

Una vez encuentres eso que te encanta, te darás cuenta de que el camino hacia el éxito ya parece un poco más fácil de conquistar. Cuando algo te apasiona, no te costará mantener la motivación.

BUSCA REFERENTES, PERO NO TE DEJES LIMITAR POR ELLOS

Te doy una buena noticia: ser exitosa es una habilidad que puedes replicar de otras personas que ya han recorrido ese camino que tú tienes por delante.

Yo me considero experta en redes sociales, llevo años trabajándolas, pero aun así sigo buscando aprender de referentes del sector, porque siempre puedo descubrir algo nuevo. Observa a esas personas que ya tienen lo que tú quieres conseguir, aprende de lo que hacen, de lo que no, de sus habilidades, de sus valores...

Si ellos han podido,
¡TÚ TAMBIÉN!

A la hora de elegir referentes, existen ciertas características comunes que podrás encontrar en muchas personas exitosas, como son la perseverancia y la capacidad de adaptación. Esto son cosas que, como veremos luego, vas a necesitar sí o sí en tu camino hacia tus sueños.

También puedes encontrar ejemplos que seguir en tu campo, que te servirán de inspiración a la hora de trabajar. Sin embargo, no olvides que admirar a alguien y copiarlo son cosas distintas. El verdadero éxito nace de la originalidad, de hacer algo de la forma que solo tú puedes.

Te propongo que pienses en cinco personas exitosas dentro del ámbito al que te quieres dedicar. Piensa en qué admiras de ellas, qué puedes aprender. Pero ten siempre en mente también qué os diferencia y qué cosas harías distinto.

Por ejemplo, una de mis referentes es experta en marketing digital. Me ha enseñado muchas cosas, entre ellas la importancia de perseguir tu sueño, y que con trabajo y constancia se puede conseguir todo lo que te propongas. Lo que sí que haría diferente es que ella sube muchísimo contenido al día, y tiene que destinar muchos recursos para crear todo este contenido. Hoy en día (diciembre de 2024), no es necesario subir tanto, ya que el algoritmo premia más la calidad que la cantidad. Por lo tanto, aunque la admiro en muchas cosas, sí que destinaria todos esos recursos que ella destina en redes a otras áreas de la empresa.

Para ayudarte a visualizarlo, te dejo esta tabla:

REFERENTE	QUÉ ME ENSEÑA	QUÉ QUIERO HACER DISTINTO

↳ **Recuerda:** todo lo que puedas aprender de otros con más experiencia será enriquecedor, pero nada debe hacer que dejes de ser tú, porque eres única y esa es otra de las claves para tu éxito.

MANTÉN TUS VALORES POR ENCIMA DE TODO

A lo largo de tu vida, has ido viviendo distintas experiencias que te han enseñado lo que está bien y lo que está mal. Estas vivencias serán las que den forma a tus valores y, por tanto, definirán qué tipo de persona quieres ser, por eso es muy importante que seas consciente de ellos. En esta tabla he recogido una serie de valores y me gustaría que **marques** aquellos que consideres que han estado presentes en tu vida.

Alegría	*Dinero*	*Liderazgo*
Adaptabilidad	*Educación*	*Optimismo*
Autenticidad	*Entusiasmo*	*Paciencia*
Amabilidad	*Empatía*	*Pasión*
Ambición	*Espiritualidad*	*Perseverancia*
Amistad	*Éxito*	*Prudencia*
Amor	*Excelencia*	*Respeto*
Aprendizaje	*Felicidad*	*Responsabilidad*
Autoconfianza	*Generosidad*	*Salud*
Autoestima	*Gratitud*	*Serenidad*
Bondad	*Humildad*	*Sinceridad*
Competitividad	*Honestidad*	*Sobriedad*
Confianza	*Integridad*	*Solidaridad*
Creatividad	*Inteligencia*	*Tolerancia*
Disciplina	*Justicia*	*Trabajo en equipo*
Desarrollo personal	*Lealtad*	*Valentía*

Ser conscientes de este tipo de cosas nos permite también ser críticas con nosotras mismas, esforzarnos más en aquellos aspectos que debemos mejorar y potenciar los que ya constituyen nuestras fortalezas personales. Esto nos proporcionará un montón de ventajas tanto a nivel personal como a nivel profesional.

1. **Cuando eres consciente de tus valores puedes ser coherente con ellos.**

   Esto te generará mucha más confianza en ti misma y por tanto darás más confianza a los demás. Además, el hecho de actuar conforme a tus valores te va a hacer sentir íntegra, cosa que ayudará a tu bienestar emocional y autoestima.

   Por ejemplo: si tú quieres ser respetuosa con el medio ambiente, pero luego tiras basura al mar cuando vas en barco, no estás siendo coherente con tus valores y esto hará que te sientas mal y que otras personas tengan opiniones negativas de ti.

2. **Te ayudará a saber en qué dirección ir.**

   Si has comprado este libro, seguramente tengas dudas respecto a qué camino tomar. Pues bien, tus valores son tu brújula y te van a indicar qué pasos debes tomar para conseguir tu objetivo final. Además, harán que te sientas satisfecha con esas acciones.

   Por ejemplo: imagina que estás trabajando con una de tus mejores amigas en un proyecto y de repente se te presenta la opción de irte con otra persona que, a tu parecer, te hará llegar mucho más rápido a tu objetivo. Si la lealtad es uno de tus valores, entenderás que hacerlo sería traicionar a tu mejor amiga, y tomarás la decisión de permanecer con ella. Aunque la otra opción pudiera ser más beneficiosa para ti, no hubiese sido acorde a tus valores y te habría hecho sentir mal.

3. **Tendrás mejores relaciones.**
Si conoces tus propios valores, podrás escoger qué valores quieres que tenga la gente de tu entorno. Por tanto, tus relaciones serán mucho mejores. Cuando tú actúas conforme a tus valores, atraerás a personas con principios similares y esto hará que construyas una red de apoyo sólida que de verdad te ayudará a conseguir tus objetivos, porque todos estaréis vibrando en la misma sintonía.

A mí me hace muy bien quedar o hablar con mi amiga Marina, porque es una persona con la que puedo hablar tanto de temas personales como de nuestros emprendimientos y de estrategias de negocio. Esto me nutre y me empodera tanto como persona, como profesional. Mi pareja, Rubén, es otro de esos entornos que me empoderan. Desde que nos conocimos no hemos parado de emprender negocios juntos, de hacer cursos de desarrollo personal, emprendimiento, redes... Es de esas personas a las que le puedo hablar de mis sueños más locos ya que no me toma por loca, al revés, me impulsa a ir a por ello, porque todo es posible. Otros entornos que me hacen bien son mis amigas de toda la vida: Ana, Paula, Shany..., entre otras, porque son esas amigas con las que puedo hablar de todo, que son hogar y que siempre han estado ahí.

De los valores que has marcado en la tabla al comienzo de este apartado, me gustaría que eligieras los cinco que piensas que hoy en día son más importantes para ti y los definieses brevemente.

VALOR 1: ....

Significado: ....

VALOR 2: ....

Significado: ....

VALOR 3: ....

Significado: ....

VALOR 4: ....

Significado: ....

VALOR 5: ....

Significado: ....

Ya tienes tus cinco valores claros y sabes el significado que tienen para ti, así que podrás tomar decisiones alineadas contigo misma, con lo que eres y con lo que quieres conseguir.

DESHECHA LOS PATRONES QUE HAS ADOPTADO EN EL PASADO Y QUE ENTORPECEN TU CAMINO HACIA EL EMPODERAMIENTO

Mientras realizabas el ejercicio del punto anterior, ¿te has dado cuenta de que muchos de tus valores y creencias provienen de experiencias de tu pasado? Puede que hayas detectado patrones en tu familia y entorno que son tus patrones hoy en día.

Aunque los valores no son inmutables, sí son muchas veces aprendidos. Y si no somos conscientes de ello, nos será imposible cuestionarlos.

Si tu familia te enseña que ser buena persona y ser honesta es lo correcto, desde pequeña y por imitación creerás que eso es lo normal. Si en cambio tu familia ve normal mentir o manipular, seguramente te convertirás en una persona mentirosa o manipuladora, no porque conscientemente quieras serlo, sino porque es lo que has aprendido en tu familia y entorno, y lo ves como algo normal.

Por eso, es imprescindible que recuerdes algo:

> TU PASADO NO DEFINE
> QUIÉN ERES AHORA.
> PUEDES REESCRIBIR TU HISTORIA
> CUANDO QUIERAS.

Te cuento un poco sobre mi infancia y cómo muchas cosas que he vivido hacen que sea quien soy hoy en día. Mis padres vienen de familias humildes, los dos estudiaron una carrera y llevan toda la vida trabajando. Nos han llevado a mis hermanos y a mí al que consideraban el mejor colegio de Madrid, porque siempre han considerado la educación como algo muy importante y han esperado grandes cosas de nosotros. Para ellos ir a la universidad es algo imprescindible para poder tener un buen futuro.

Por eso, una de mis creencias era que tienes que ir a la universidad si quieres tener un buen futuro.

No es una creencia ni buena ni mala, simplemente es una creencia que yo tenía por mis vivencias en la infancia. Ahora esa creencia para mí se ha modificado, pero en su momento, cuando me tocó tomar la decisión de si estudiar en la universidad, ni siquiera fue algo que me planteé, simplemente sabía que lo iba a hacer.

Hoy en día pienso que no es necesario estudiar en la universidad si quieres tener un buen futuro. Aunque sigo pensando que formarse de alguna forma es fundamental, he estado en tantas formaciones y eventos donde he aprendido cosas interesantes y prácticas (sobre todo si quieres tener tu propio negocio) que ahora pienso que hay otras opciones además de la universidad para lograr tener un buen futuro.

De hecho, hay muchos empresarios muy exitosos que no han ido a la universidad, por ejemplo:

- Steve Jobs, el fundador de Apple.
- Bill Gates, el fundador de Microsoft.
- Mark Zuckerberg, el CEO de Meta.
- Michael Dell, el fundador de Dell.

Y, por supuesto, muchos más. Todos ellos tienen dos cosas en común:

1. **Es gente que ha tenido éxito en su carrera profesional.**
2. **No estudiaron en la universidad, aunque, por supuesto, todos ellos se formaron de alguna forma.**

Con esto no trato de decirte que tengas o no que estudiar en la universidad; dependerá mucho de lo que quieras ser y conseguir en la vida. Si quieres ser médico, tendrás que ir a la universidad. Si quieres montarte un salón de uñas, fórmate con las mejores manicuristas de uñas.

En cualquier caso, lo que nuestra familia considera importante a nivel profesional puede influir y mucho en las decisiones que tomamos. Cuando tu familia valora mucho el ir a la universidad, eso puede hacer que sientas la necesidad de ir a la universidad. Si tu familia es emprendedora, puede hacer que emprendas, o si son funcionarios, que te saques las oposiciones.

Hubo unos años de mi adolescencia en los que mi padre se fue por trabajo a Rumanía a vivir. Yo ya en esa época tenía lo de emprender bastante interiorizado porque desde pequeña lo había visto en casa. Pues cuando a mi padre le diagnosticaron cáncer en 2016, vi que en Rumanía había una necesidad muy grande que no estaba cubierta: él necesitaba hacer deporte por salud, pero, por la situación del país, era impensable que un rumano promedio pudiese permitirse ir al gimnasio.

Mi yo de dieciocho años recién cumplidos se puso rápidamente a maquinar ideas y se me ocurrió montar un gimnasio lowcost allí. Decidí irme a Rumanía una semana con mi padre a buscar proveedores de máquinas de gimnasio, locales para montarlo y demás, y así poder hacer mis números y mi plan de empresa. Mi padre me acompañó a todas las reuniones, pero me dejaba hacer y deshacer. Aunque yo tenía la iniciativa, su apoyo fue muy importante para mí.

Este es un patrón que veo muchísimo en la gente que me rodea. Casi siempre se cumple que quien se anima a emprender es porque cuenta con referentes emprendedores en su familia, como su padre o su madre. O que quienes son o sueñan con ser funcionarios es porque en su casa alguno de ellos o los dos son funcionarios.

Piensa en tu infancia y tu entorno y responde a las siguientes preguntas:

¿Qué has vivido o escuchado en tu infancia sobre los estudios?

....

....

....

¿Qué vínculo tenía tu familia y tu entorno con los estudios?

....

....

....

¿Qué has vivido o escuchado en tu infancia sobre el trabajo?

....

....

....

¿Qué vínculo tenían tu familia y tu entorno con el trabajo?

....

....

....

¿Hay alguna expectativa que tuvieras que cumplir?

....

....

....

¿Crees que todo esto ha influido en quién eres ahora?

....

....

....

Seguramente, al responder a estas preguntas, te habrás dado cuenta de que muchas de las cosas que dices y haces ahora vienen de tu pasado. Es probable que hayas detectado patrones en tu familia y entorno que son tus patrones hoy en día, como a mí me pasó con el emprendimiento o con la universidad.

Ahora has podido ver la influencia que tu infancia y tu entorno ha tenido en tus creencias, valores, objetivos y, por tanto, en las decisiones que has tomado en la vida. A pesar de que tengas unas creencias desde la infancia, puedes modificarlas ahora que eres adulta: solo tienes que modificar tus creencias para cambiar tu realidad. El haber reconocido lo que tu familia y entorno te ha inculcado te permitirá, en caso de que sea necesario, cambiar las creencias que no te gusten, que serán las que te llevarán a tomar unas decisiones u otras.

SÉ SIEMPRE UN 1% MEJOR QUE AYER

Ahora que ya te conoces un poco más, vamos a ver cómo mejorar tu autoestima, ya que es una parte esencial para alcanzar el éxito. Una buena autoestima te va a ayudar a la hora de enfrentarte a desafíos, tomar decisiones difíciles y ser resiliente cuando las cosas se ponen complicadas.

Os confieso que yo siempre he tenido una baja autoestima. En el colegio me llamaban gorda porque pesaba sesenta y dos kilos con catorce años. Esto me marcó bastante. Con quince años caí en la anorexia por una relación tormentosa en la que estaba, donde también me bajaron mucho la autoestima, haciéndome sentir que mi pecho no estaba bien, ya que al perder veinte kilos en menos de dos meses, mi pecho se vació por completo. Esto me destruyó la poca autoestima que me quedaba.

Estuve años sin autoestima, dejándome influenciar negativamente por personas que no me querían de verdad.

Cuando empecé a trabajar mi autoestima, me di cuenta de que muchas de mis inseguridades se habían producido por las expectativas que los demás tenían y que no necesariamente eran las correctas. No es necesario tener X talla de pecho o pesar X kilos para estar bien. Cuando aprendí a valorar quién soy y todo lo que he conseguido, empecé a mejorar mi autoestima y por tanto a sentirme mucho más feliz.

Te voy a dejar algunos consejos sobre cómo tener una buena autoestima en tu camino hacia el éxito.

1. No te compares. Define bien qué es para ti tener éxito y así evitarás caer en comparaciones. ¿Qué es para ti el éxito? ¿Qué te haría sentir realizada?
2. Identifica tus fortalezas y úsalas cuando se presenten retos.
3. Rodéate de personas que te impulsen a perseguir tus sueños. Aprende a identificar quienes merecen que pierdas tu tiempo y energía con ellos.
4. Cuida tu lenguaje interno. Además de reforzar tu confianza, te ayudará a ver todas las posibles soluciones a un problema en vez de enfocarte en lo negativo.
5. Aprende a decir que no. Si sabes cuáles son tus límites y tus prioridades, dedicarás la energía a lo verdaderamente importante.
6. Acepta que no eres perfecta. Esto te va a quitar un peso enorme de encima.

> NO ERES PERFECTA NI NUNCA LO VAS A SER, TODOS TENEMOS FORTALEZAS Y DEBILIDADES. DE LO QUE SE TRATA ES DE SER HOY UN 1 % MEJOR QUE AYER.

Una buena autoestima influye directamente en el éxito que tengas o no. Tener seguridad en ti misma te permitirá ser capaz de tomar iniciativa, persistir cuando tengas un obstáculo, aceptar las críticas de forma constructiva..., entre otros muchos beneficios.

2

CONOCE *tus* FORTALEZAS *y* DEBILIDADES

ANALÍZATE A FONDO Y SÁCATE PARTIDO

Ahora que has definido qué es el éxito para ti, debes conocer las herramientas que te llevarán a conseguirlo. Y tengo noticias para ti: ¡tu principal herramienta eres tú misma! Por eso, es importante que reconozcas tus propias fortalezas y debilidades, ya que así sabrás qué cosas tienes que mejorar y cuáles se te dan bien y podrás aprovecharlas al máximo. Para que sepas cómo hacerlo, te voy a presentar un término muy utilizado en marketing, el análisis DAFO.

¿Lo conocías? Este análisis se suele utilizar para evaluar varios aspectos de una empresa, pero en este caso lo vamos a usar para que te evalúes a ti misma. En el DAFO se analizan cuatro elementos, que son los que dan nombre con sus iniciales: debilidades, amenazas, fortalezas y oportunidades. Para que entiendas los puntos en común y las diferencias que tienen estos elementos, te dejo esta tabla:

	DE ORIGEN INTERNO	DE ORIGEN EXTERNO
NEGATIVAS	*Debilidades*	*Amenazas*
POSITIVAS	*Fortalezas*	*Oportunidades*

Pero ¿a qué nos referimos exactamente con cada uno de estos aspectos? ¿Qué deberías analizar exactamente?

- **Debilidades:** son las áreas de tu vida que puedes mejorar y perfeccionar, ya que dependen de ti.

  Por ejemplo: una debilidad bastante común es la procrastinación. Si eres una persona que tiende a ello, seguramente postergues tareas importantes y tu productividad bajará.

- **Amenazas:** son esos factores que te impactan negativamente, pero que son externos a ti y casi siempre están fuera de tu control.

  Por ejemplo: con los cambios tecnológicos actuales, una persona podría ver su puesto de trabajo amenazado por las nuevas tecnologías. Esto le puede causar mucho estrés e incertidumbre, pero está fuera de su control.

- **Fortalezas:** son las cosas que se te dan bien, eso en lo que sientes que eres buena y en lo que tienes ventaja sobre los demás.

  Por ejemplo: hay gente que es muy buena memorizando. Esto es una fortaleza, ya que tardará menos tiempo que otras personas en aprenderse algo.

- **Oportunidad:** son aquellas situaciones en las que puedes tener ventaja con respecto al resto, pero que te vienen dadas por otros sin que dependa directamente de ti.

  Por ejemplo: podrían ofrecerte un puesto de trabajo sin buscarlo o, como me han ofrecido a mí, escribir un libro. Es algo que yo no planifiqué y que no podía controlar, pero es algo positivo que tengo.

Estos cuatro elementos te permiten ver de forma rápida y directa quién eres, qué cosas buenas y qué cosas no tan buenas tienes.

Cuanto más te conozcas,
MÁS FÁCIL TE SERÁ
conquistar tu éxito.

Ahora te toca a ti hacer un análisis DAFO de ti misma. Reflexiona sobre cada uno de esos puntos y sincérate contigo misma para poder mejorar al máximo.

DEBILIDADES	AMENAZAS
FORTALEZAS	OPORTUNIDADES

ENCUENTRA
LO QUE TE HACE DESTACAR
Y DEFINE TU MARCA

Estoy segura de que después de hacer el análisis DAFO de ti misma habrás identificado cosas que puedes mejorar y otras a las que sacar partido. El hecho de saber que tienes fortalezas y oportunidades te hará sentirte más segura de ti misma en todos los aspectos de tu vida, porque conocerás tu valor.

Además, así sabrás cuáles son esos rasgos positivos que puedes usar como identificativos. No solo te ayudarán a conseguir el éxito, sino que harán que otros valoren también lo que estás consiguiendo y la manera en la que lo estás logrando.

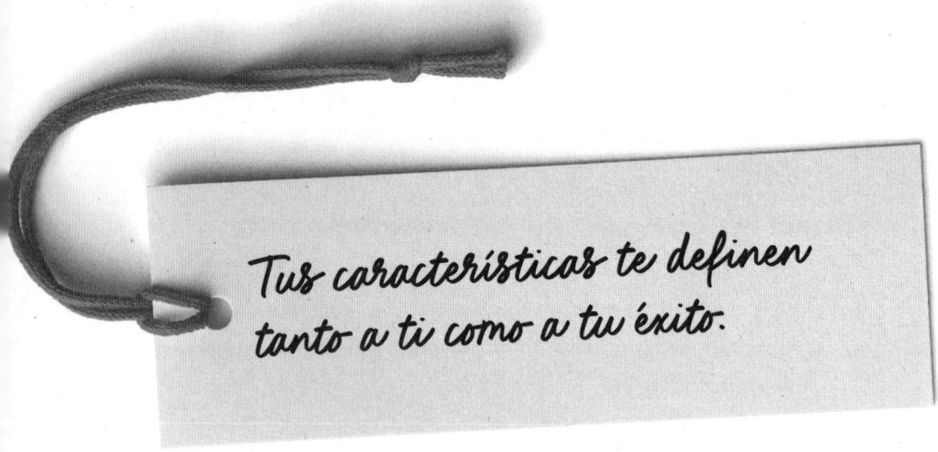

Lo que te define, tu marca, va a ser lo que ofrecerás al mundo. Y puede que ahora te parezca que no tienes nada que sirva, pero estoy segura de que ya has pasado por muchas experiencias que han ido marcando tu camino.

Me gustaría que hagas una lista de tus cualidades y de logros que ya hayas conseguido. Apunta diez cualidades (¡échale ganas, que estoy segura de que las tienes!), y luego apunta como mínimo cinco logros, aunque te dejo espacio para más. No importa si hoy en día no los consideras logros, ten en cuenta todas aquellas cosas que en algún momento sentiste como tal.

En mi caso, hubo un examen de matemáticas financieras en la universidad en el que suspendió toda la clase excepto tres personas. Pasó justamente cuando mi padre tenía cáncer, así que fui a la recuperación habiendo estudiado muy poco. Al final, en la recuperación, solo aprobamos dos, y para mí fue un logro increíble. Es cierto que hoy en día ya no me parece tanto, pero en su momento fue un gran logro para mí. Eso es lo que quiero que apuntes en la siguiente página.

MIS CUALIDADES

1.
2.
3.
4.
5.
6.
7.
8.
9.
10.

MIS LOGROS

1.
2.
3.
4.
5.
6.
7.
8.
9.
10.

Después de hacer estas listas, ¿eres capaz de ver la relación que hay entre tus cualidades y tus logros? Seguro que te has dejado muchas cualidades sin escribir, y que gracias a ellas has conseguido alguno de los logros que has apuntado.

Por ejemplo, si te ha pasado algo parecido a mí y has conseguido aprobar un examen complicado, seguro que eres una persona trabajadora, constante, organizada..., entre otras cosas. Ser consciente de tus virtudes hará que te sientas mucho más empoderada a la hora de enfrentar desafíos o situaciones complicadas.

Ahora sabes que cuentas con características que te definen y te ayudarán a sacar tus proyectos adelante. ¡Deja que brillen!

CUANDO CONOZCAS TUS FORTALEZAS, CONFÍA EN ELLAS Y ATRAERÁS LO POSITIVO

Te voy a decir la verdad: no hay nada menos atractivo que una persona que no tiene confianza en sí misma. Y no, no solo hablo de atracción hacia otras personas, sino de atracción a uno mismo. Cuando no tenemos confianza en nosotras mismas, tendemos a pensar que no somos capaces, que no somos suficientes y un largo etcétera.

¿CÓMO QUIERES ATRAER ALGO POSITIVO A TU VIDA SI NI SIQUIERA TÚ MISMA CREES EN TU CAPACIDAD DE LOGRARLO?

Es importante que recuerdes que hay una relación directa entre el empoderamiento y el éxito, incluso podríamos decir que son términos que van uno con el otro. Es difícil estar empoderada y no sentirte exitosa, por eso te diría que, si quieres tener éxito, el primer paso es trabajar en tu empoderamiento. Cuando estás empoderada, te pones unos objetivos que quieres conseguir, diseñas un plan para hacerlo realidad y no paras hasta conseguirlo. Ahí es cuando eres capaz de sentirte exitosa en la vida, cuando esos objetivos que habías diseñado, a través de tus acciones, se van convirtiendo en realidad.

No te preocupes, iremos viendo todos esos pasos a lo largo del libro. Pero ahora lo importante es que refuerces esa confianza en ti misma y en que puedes lograrlo.

Una cosa que a mí me funciona genial es visualizarme obteniendo ese logro: cómo me voy a sentir, qué cosas voy a tener, con quién lo voy a compartir... ¿Por qué no lo intentas? Hazlo tan real en tu mente que parezca que ya lo tienes y anótalo aquí, para poder volver a ello y recordártelo cuando lo necesites.

....

....

....

El objetivo es que confíes tanto en tus habilidades que, cuando te enfrentes a un desafío, ni siquiera dudes si lo vas a conseguir o no. Simplemente confiarás en que tienes la capacidad para conseguirlo, porque sabes que tú lo vales.

ESTABLECE CUÁLES SON LAS PRIORIDADES EN TU VIDA

A lo largo de tu vida te vas a encontrar con incontables situaciones que pueden llevar a que pierdas el foco. Especialmente ahora, cuando todo a nuestro alrededor son estímulos que tratan de captar nuestra atención. Por ese motivo es imprescindible que establezcas una serie de prioridades que marquen el camino que quieres recorrer y que eviten que te desvíes hacia senderos que no conducirán a tu éxito.

Cuando tengas claras tus prioridades, sabrás distinguir qué es esencial y qué es secundario, y por lo tanto te podrás enfocar en lo que es realmente importante para ti. Incluso si tus circunstancias cambian y hacen que tu visión del camino se vuelva confusa, esas prioridades actuarán como la luz que te guía hacia la meta.

Mi consejo sería que, a la hora de buscar esas prioridades, no te centres solo en tu proyecto profesional. Sí, queremos que te conviertas en una mujer empoderada y que alcances el éxito, pero ¿realmente crees que los demás aspectos de tu vida no influyen? Es decir, ¿alguna vez has visto a algún empresario o empresaria que gestione grandes equipos, gane mucho dinero y que por lo tanto se pueda considerar una persona exitosa, pero que no tenga una familia que le quiera o que no tenga tiempo más que para trabajar? ¿Podríamos considerar a esta persona exitosa? En mi opinión, el éxito y el empoderamiento son términos sumamente subjetivos y que engloban el total de la persona, no solo el profesional.

Más adelante te daré trucos para mantener el equilibrio entre los distintos aspectos de tu vida, pero por el momento quiero que pienses en esas cosas que valoras por encima de todo y que consideras que te ayudarán a llegar a donde te propongas.

Te dejo mi lista de prioridades para que la tengas como ejemplo:

- **Que mis clientes estén cien por cien satisfechos, pero sin dejar que ninguno de ellos sobrepase los límites establecidos.**

  Esto último en otros momentos no era una prioridad, pero con el tiempo me he dado cuenta de que es clave que tengas unos límites y que los demás los respeten. Desde que busco que queden contentos, pero sin sobrepasar nuestros límites, nosotros somos más felices y por ende damos un mejor servicio.

- **La equitación e ir a ver a mi caballo**.

  Aparte de ser una prioridad, es mi responsabilidad, ya que no solo es clave para mi salud mental, sino también que mi caballo requiere de unos cuidados y atenciones.

- **Dedicar tiempo a la gente que quiero**.

  De las prioridades más importantes que tengo. Las relaciones hay que cuidarlas (sean del tipo que sean), así que todos los días pienso en esta prioridad a la hora de distribuir mi tiempo, para dejar siempre un rato para dedicarle a la gente que quiero.

- **Mi salud mental.**

  Otra superprioridad. Sin salud mental, no hay nada. Todos los días le dedico tiempo a mi salud mental, esto incluye: entrenar, leer, meditar, hacer mi rutina de cuidado... Todo suma, y cuando tu cabeza está bien, todo está bien.

ESTA ES MI LISTA DE PRIORIDADES, AHORA ESCRIBE TÚ LAS TUYAS.

→ ....

....

→ ....

....

→ ....

....

→ ....

....

→ ....

....

→ ....

....

→ ....

....

→ ....

....

NO TE LIMITES A TU ZONA DE CONFORT, LO MEJOR ESTÁ AHÍ FUERA

Para mí, este es uno de los pasos más importantes para llegar a ser una mujer empoderada y con éxito en la vida: ¡tienes que atreverte a hacer cosas que te den miedo!

Uno de los mayores retos que te vas a encontrar es salir de tu zona de confort, porque cuando estás cómoda en un sitio es difícil salir de ahí. Sí, cualquier cambio grande va a dar miedo, no importa si es emprender un negocio, independizarte, romper con una pareja o con una amistad, mudarte... Sea cual sea el caso, parece que cuando sales de tu zona segura todo es incertidumbre, y es normal que te dé miedo lanzarte al vacío sin arnés. Pero no puedes permitir que eso te frene, porque, como habrás escuchado una y otra y otra vez...

> LAS MEJORES COSAS ESTÁN FUERA DE TU ZONA DE CONFORT.

La audacia es clave si quieres convertirte en una persona empoderada y de éxito. Y es que muchas veces dejamos pasar grandes oportunidades por miedo a salir de nuestra zona segura. ¿Nunca has estado con un novio que no te hacía feliz, pero has seguido con él por miedo a estar sola? ¿O has estado frustrada en un puesto de trabajo, pero te has quedado ahí por miedo a estar desempleada? Si has vivido alguna situación similar, donde te hayas visto atrapada en algo que no te hacía feliz solo por miedo a salir de ahí, seguramente sabrás a lo que me refiero.

Esto me pasó a mí hace unos cuatro años. Estaba estancada en una relación en la que ya no era feliz, pero llevábamos tanto tiempo juntos que tenía miedo de dejarlo. Me preocupaba lo que dirían las personas de nuestro círculo y la posibilidad de no encontrar a alguien después de la ruptura. Sumado a todo esto, llevaba varios años en el mismo puesto de trabajo, en el que tenía un contrato indefinido, con buena jornada, ganaba bien, mis compañeras eran majas..., pero a mí no me hacía feliz, porque estaba dentro de la dirección y había algunos directores que eran muy difíciles de llevar.

Finalmente, me armé de valor y, además de dejar la relación, dejé el trabajo para emprender mi nueva vida. ¿Creéis que no pasé miedo? ¡Pasé mucho miedo al principio! De hecho, recuerdo que comí con una de mis mejores amigas el día en que tomé ambas decisiones y le dije que estaba aterrada. Pero hoy miro atrás y pienso que tomé las mejores decisiones de mi vida.

Lo que me gustaría que entendieses con todo esto es que, cuando eches la vista atrás, solo te vas a arrepentir de aquello que te gustaría haber hecho, pero que no hiciste por miedo a fracasar. Así que ¡hazlo con miedo, pero hazlo!

Cuántas veces la gente no hace algo por miedo a fracasar, a sentir rechazo, a no tener éxito, a no ser correspondido. Siento decirte que, si quieres tener éxito, primero tendrás que fracasar muchas veces, ya que el fracaso es una parte natural y esencial en el proceso de crecimiento.

Pero esas situaciones, sin ser ideales, te abrirán las puertas a nuevos horizontes y ampliarán tu capacidad de acción, lo que te traerá un sinfín de nuevas oportunidades. No dejes que el miedo te las arrebate.

3

BUSCA EL MEJOR *entorno para* TRIUNFAR

PREGUNTA A LOS DEMÁS CÓMO TE VEN, PARA POTENCIAR TUS FORTALEZAS Y COMPENSAR TUS DEBILIDADES

¿Eres de esas personas que antes de quedarse en un hotel o ir a un restaurante mira las reseñas? La gran mayoría de los negocios piden la opinión de sus clientes para mejorar sus productos o servicios. ¡Y lo mismo deberías hacer tú!

A veces, pedir *feedback* a la gente de nuestro alrededor puede darnos algo de miedo. Al fin y al cabo, te colocas en una situación vulnerable y te expones a recibir críticas, lo que no siempre es fácil de encajar. Pero es importante que lo veas como una posibilidad de convertirte en tu mejor versión. Es decir, cuando te den *feedback*, incluso si es negativo, transfórmalo en algo positivo para seguir creciendo y mejorando. Además, te digo una cosa: las críticas te hacen más fuerte y harán que cuando lo vuelvas a intentar lo hagas con mucha más fuerza.

Y, por supuesto, no des por hecho que todas las opiniones van a ser malas. La gente que te conoce bien sabe cuáles son tus virtudes, y es importante que preguntes por ellas también, ya que el *feedback* positivo que te den también te resultará muy útil. Ser consciente de esas virtudes que los demás ven en ti reforzará la confianza que tienes en ti misma y te hará ver dónde están tus puntos fuertes.

VERTE A TRAVÉS DE LOS OJOS DE OTROS TE DESCUBRIRÁ COSAS QUE NI TÚ MISMA SABÍAS SOBRE TI.

Me gustaría que preguntes a cinco personas cercanas lo que opinan sobre ti y lo recojas en esta página. Una vez lo tengas, piensa sobre cómo puedes usarlo para mejorar.

1.

2.

3.

4.

5.

PIENSA EN CÓMO TE GUSTARÍA SER PERCIBIDA

¿Alguna vez has escuchado el término *branding*? En el mundo empresarial se usa muchísimo y se refiere a construir una imagen de la marca que sea positiva. En tu caso se trata de cuidar tu aspecto, tu actitud y tu comportamiento de cara a los demás. Si quieres conseguir un buen *branding* puedes empezar por practicar el autocuidado, vestirte de una forma que se corresponda con lo que quieres transmitir y actuar en concordancia con tus valores. Ser coherente con cómo quieres ser y lo que haces te aportará mucha confianza. Además, dará mucha información a los demás sobre el tipo de persona que eres y lo que pueden esperar de ti.

> *Debes ser capaz de mostrar al mundo qué clase de persona eres.*

Imagina que quieres contratar a una persona para que te ayude con tu negocio. Esta persona te dice que te va a ayudar a organizar y estructurar tu negocio, y después ves que es una persona superdesorganizada. ¿Te daría confianza? Seguramente no, ya que lo que dice no va en concordancia con su *branding*.

Tu imagen es un factor muy importante de tu branding y ya está comunicando, así que te tienes que encargar de que trasmita el mensaje que tú quieres. Por ejemplo, yo durante años he querido ser empresaria y que la gente me perciba como empresaria, pero mi imagen no transmitía eso porque yo seguía vistiendo y hablando como una adolescente. Y así, como una adolescente, era como me percibía mi equipo y mis potenciales clientes. Desde que mi imagen y conversación han cambiado, todo ha cambiado, y ahora todos me ven como una empresaria referente.

Para ayudarte a definir el tuyo, te propongo que escribas brevemente lo que te gustaría que la gente percibiese de ti cuando entras en una habitación llena de desconocidos: ¿te gustaría que la gente te perciba como alguien confiable?, ¿accesible?, ¿profesional? ¿Quieres proyectar seguridad y respeto pero que a la vez seas amigable?

Me gustaría ser percibida como...

....

....

....

APÓYATE EN TU ENTORNO, PERO NO SEAS DEPENDIENTE

Volvamos por un momento a los conceptos básicos, ¿qué es el empoderamiento? La verdad es que se trata de un término muy ambiguo y para cada persona significa una cosa. Sin embargo, yo lo definiría de la siguiente forma: empoderarse es ganar confianza, fuerza y control sobre tu propia vida sin que nadie te tenga que ayudar o respaldar de ninguna forma.

EMPODERARTE ES CONVERTIRTE EN LA DUEÑA DE TU PROPIA VIDA.

¿Significa eso que tenemos que hacerlo absolutamente todo solas? ¡Para nada! Significa que tenemos que llevar las riendas de nuestra vida, sin que otros condicionen nuestra manera de actuar, pero tener una red de apoyo no solo es recomendable, sino que diría que es necesario.

Si te paras a pensar en el peso que tu entorno puede tener en tu vida, te darás cuenta de que las personas que nos rodean tienen un impacto profundo en quiénes somos, lo que logramos en la vida y cómo percibimos el mundo.

A menudo, no somos conscientes del poder que tiene nuestro entorno social hasta que experimentamos tanto los efectos negativos como los positivos. Las relaciones tóxicas pueden drenarnos emocionalmente, afectar nuestra salud mental y limitar nuestro crecimiento personal y profesional. Por otro lado, rodearnos de personas con las que compartimos, sueños, mentalidad y objetivos puede resultarnos muy empoderador, ya que no solo nos inspiran y motivan, sino que además nos apoyan en esos momentos en los que dudamos y celebran nuestros éxitos como si fuesen suyos.

Así que, en conclusión, solo tú puedes controlar tu vida, pero tener el apoyo de la gente que te aprecia te hará volar más alto. No menosprecies hasta qué punto te pueden ayudar.

NO DEJES QUE LAS EXPECTATIVAS AJENAS DAÑEN TU AUTOESTIMA

Métete esto en la cabeza: objetivamente hablando, no hay nada que no puedas conseguir. Seguramente a la primera persona que dijo que iba a crear algo que volase la tomarían por loca, y ¡mira! Ahora hay miles y miles de aviones volando cada día.

Así que, cuando planees tu éxito, piensa a lo grande. No limites tus sueños a cosas pequeñas, que sientas que son «alcanzables». Ponte metas grandes que te den vértigo, porque serán las que te motiven a actuar y esas acciones te acercarán a tu objetivo final. Si no consigues esa meta gigante, por lo menos te quedarás a medio camino. En cambio, si te pones una meta pequeña, te quedarás en nada.

Debo avisarte de que habrá mucha gente a la que le contarás tu sueño y no lo entenderá. No trates de luchar con esta gente, porque no lo van a entender.

NO LES CUENTES SUEÑOS GRANDES A MENTES PEQUEÑAS, PORQUE TE TOMARÁN POR LOCA.

Yo había escuchado infinidad de veces eso de «no eres consciente de hasta qué punto te afecta una persona tóxica hasta que lo vives». Lo dicen en todos los eventos de desarrollo personal, en todos los libros que he leído, pero hasta que no lo experimenté en mis propias carnes no fui consciente del poder que tiene tu entorno.

Recuerdo claramente el día que me di cuenta de la importancia del entorno. Llevaba un tiempo muy mal; económicamente no me iba bien, tenía mucha ansiedad hasta el punto de que acabé tomando más de cinco ansiolíticos al día y teniendo ideas suicidas. No era capaz de salir de ese bucle tan negativo y ni siquiera era consciente de por qué estaba en ese punto. Yo siempre he sido positiva, pero hubo un momento en el que me di cuenta de que a mi lado tenía una persona muy tóxica, una persona con la que pasaba muchas horas a la semana puesto que estaba en mi entorno más cercano. En ese momento, jamás hubiese imaginado que todos mis males venían de una mala amistad. Sí, amiga, hasta ese punto es de importante tu entorno. Las personas que te rodean te puede hacer sentir la persona más poderosa del mundo o la más miserable.

Esta persona día tras día se dedicaba a decirme cosas negativas de todo el mundo, incluso de la gente que teníamos en común. Llegó un punto en el que yo me di cuenta de que esa situación era insostenible y cuando decidí hablar con mi entorno, me encontré con que la persona que había inventado todos los comentarios negativos que supuestamente decían los demás, era ella. Ya no es solo lo que se había inventado, sino el bucle negativo en el que me había metido y del que no fui capaz de salir durante meses. Lógicamente, en cuanto detecté esta situación, me la quite de en medio, no porque no tenga capacidad de perdonar, sino porque me había dado cuenta de que era un entorno que no me empoderaba, sino que me restaba.

Solo una semana después de haberme alejado de esa persona que no me hacía bien, mi pareja y yo hicimos cuatro clientes para el negocio, me salió esta oportunidad de escribir el libro con la mejor editorial de España: Planeta, y dejé de golpe los ansiolíticos, nunca volví a tomar ni uno. ¿Crees que fue casualidad? Yo estoy segurísima de que no lo fue. Este momento para mí fue revelador y ha cambiado mi perspectiva para siempre. Espero que te ayude a ti también.

En la vida te vas a topar con personas que buscarán limitarte, pero no puedes dejar que lo hagan. Protege tus sueños y no dejes que nadie te diga que no lo vas a conseguir, porque la realidad es que, si tú quieres y te esfuerzas por ello, puedes conseguir todo lo que te propongas en la vida.

APRENDE A DECIR QUE NO CUANDO SIENTAS QUE ES NECESARIO

Es fundamental que sepas establecer límites en todos los aspectos de tu vida. Va a haber personas, tanto en lo personal como en lo laboral, que van a intentar sobrepasarlos, así que debes aprender a marcarlos bien y aferrarte a ellos.

Te lo voy a explicar comparándolo con una estrategia de marketing eficaz. Para alcanzar los objetivos que se proponen, las marcas deben gestionar su imagen, lo que implica definir tanto los síes (las acciones que quieren tomar, las cosas con las que quieren que se las relacione...) como los noes (lo que no quieren hacer, las cosas de las que se quieren distanciar...). Tú debes hacer lo mismo: establecer qué aceptas y qué no, y establecer los límites que te acerquen a tu objetivo y que protegen tu salud mental y tu bienestar.

Establecer tus límites hará que tu ruta hacia el éxito se vuelva más segura.

Vamos, que la importancia de establecer límites está más que clara, pero incluso así puede resultar un poco difícil conseguirlo. Aquí te dejo un par de consejos para que aprendas a poner límites:

- **Identifica lo que te hace única:** tú sabes lo que te hace única, cuáles son tus valores, tus necesidades, tus objetivos, qué estás dispuesta a tolerar y qué no. Identifica qué es lo que es más importante para sentirte a gusto contigo misma y protégelo.
- **Sé clara con tus límites:** cuando sepas cuáles son tus límites, es fundamental que sepas comunicarlos de manera clara y directa, y que seas coherente con estos límites que has establecido.

Ahora me gustaría que pienses en tus límites en cada una de estas áreas y que hagas una lista con los que son más importantes para ti.

LABORAL

Ejemplo: No voy a hacer más horas de las ocho que me pagan.

....

....

PERSONAL

Ejemplo: No voy a permitir que me insulten o me falten al respeto.

....

....

TUS LÍMITES SON SAGRADOS, PERO PUEDEN VARIAR DEPENDIENDO DE LA SITUACIÓN

Aunque tú tengas unos límites preestablecidos, estos van a variar en función de la persona. Tendrás unos límites diferentes con una amiga, con una pareja o con un desconocido, ya que cada uno tiene un acceso a ti diferente. Por eso es importante que reflexiones sobre cómo te sientes en cada situación y con cada persona y que ajustes tus límites a esas necesidades específicas.

IDENTIFICA
a quién se aplica cada uno de tus límites y cámbialos si es necesario.

Además, tus límites no solo van a depender de las personas a las que los apliques. Las circunstancias en tu vida van cambiando y tus límites seguramente también lo van a hacer. No vas a tener los mismos límites cuando eres un adolescente sin grandes responsabilidades que cuando tienes treinta años y un negocio que dirigir.

No pienses, por lo tanto, que tus límites son algo que crearás una vez y permanecerán para siempre. Los cambios en tu entorno, en tu situación personal, en tus prioridades... harán necesario que revises y redefinas esos límites.

Te voy a dar un ejemplo de mis límites en lo laboral. En nuestra agencia de redes sociales, al principio aceptábamos todos los cambios que fuesen necesarios con tal de que los clientes estuviesen contentos. ¿Adivinas qué pasó? Pues que ciertos clientes cogieron por costumbre cambiar veinte veces un vídeo y esto acabó superándome no solo a mí, sino al equipo. Por este motivo, uno de los límites que tenemos marcados en la agencia para todos nuestros clientes es que hacemos un único cambio; a partir del segundo, cada cambio se cobra a quince euros. ¿Sabes cuántos cambios nos piden ahora? Como mucho uno, porque los clientes saben que hay un límite y que, si quieren más, lo tendrán que pagar.

Te propongo que hagas el siguiente ejercicio para reconocer esas situaciones que has aceptado en el pasado y reevaluar cómo las abordarías ahora.

1. **Identifica una situación en la que no te gustó cómo actuaste y responde estas preguntas:**

   ¿Qué situación aceptabas antes y ahora mismo no aceptarías?

   ....

   ....

   ¿Por qué antes aceptabas esta situación? ¿Te dabas alguna justificación para aceptarlo?

   ....

   ....

   ¿Cuándo te dejó de parecer bien? ¿Qué opinas ahora sobre ello?

   ....

   ....

2. **Ahora responde a estas preguntas para delimitar tus valores y límites actuales:**

   ¿Qué ha cambiado en ti para que ya no toleres esa situación?

   ....

   ....

¿Cómo puedes conseguir que esa situación pasada ahora sea diferente? ¿Necesitas más respeto, honestidad, tiempo, amor propio, límites...?

....

....

¿Qué acción tienes que aplicar para que esto no vuelva a suceder?

Por ejemplo, podrías necesitar poner un límite como el que puse yo al empezar a cobrar los cambios.

....

....

3. Crea tu nuevo protocolo de actuación. Para hacerlo, completa la siguiente frase:

De hoy en adelante, voy a _________. Con esto voy a poder ________. Si alguien quiere que no lo cumpla o que haga una excepción, contestaré _________.

Ahora ya tienes un nuevo criterio con el que orientar tus decisiones. Si en algún momento sientes que tu situación cambia y este sistema ya no se ajusta, recuerda que siempre puedes repetir este ejercicio para crear uno nuevo.

IDENTIFICA QUIÉN TE HACE MAL, QUIÉN TE HACE BIEN Y QUIÉN NO TE APORTA

Te voy a decir algo que a mí me ha cambiado la manera de ver mi entorno:

> ERES EL PROMEDIO DE LAS CINCO PERSONAS CON LAS QUE MÁS TIEMPO PASAS.

Esto es así, por ello es tan importante que esas personas estén alineadas contigo y con lo que quieres conseguir. Si tu entorno más cercano son cinco personas que son superdeportistas, la probabilidad de que tú también seas deportista será muy alta. Es importante que estés constantemente evaluando tu entorno, y que sepas identificar si ese entorno se corresponde a lo que tú buscas en cada momento vital de tu vida, ya que no es lo mismo lo que buscas con quince años a lo que puedes buscar con veinticinco o con cuarenta años.

Por ejemplo, ¿nunca has sentido que una amiga de toda la vida no te está haciendo bien? Esto no me ha pasado una vez, sino muchas, y estoy segura de que no he sido la única que lo ha vivido.

En estos casos, tienes que entender que en la vida todos vamos evolucionando, pero que no todos evolucionamos de la misma forma o en la misma dirección. Hay gente que prefiere dedicar su tiempo a salir de fiesta mientras que otros prefieren leer, ir a eventos que nutran su mente, estudiar... No hay decisiones correctas o incorrectas, pero lógicamente no va a conseguir lo mismo una persona que dedica su tiempo a cultivar su mente que otra que prefiere emborracharse y salir de fiesta.

Me gustaría que hicieses un ejercicio con el que reflexionar sobre tu entorno y la influencia que tiene en tu vida. La idea es que tomes conciencia de cómo es tu entorno, qué valores, objetivos y metas tienen.

Para ello, haz una lista de las cinco personas más cercanas en tu vida, identifica sus objetivos y sus valores y califica el impacto que tienen en tu vida.

CALIFÍCALOS COMO:

→ **Empoderadoras:** esas que están alineadas con tus propósitos, tus objetivos y tus sueños, que te inspiran y apoyan a conseguirlo.

→ **Neutrales:** esas personas que no te influyen ni positiva ni negativamente en tu vida.

→ **Negativas:** esas que, aunque no sea de forma consciente, te alejan de conseguir tus objetivos o tienen una influencia negativa en tu vida.

PERSONA 1

Nombre: ....

Objetivos: ....

Valores: ....

Calificación: ....

PERSONA 2

Nombre: ....

Objetivos: ....

Valores: ....

Calificación: ....

PERSONA 3

Nombre: ....

Objetivos: ....

Valores: ....

Calificación: ....

PERSONA 4

Nombre: ....

Objetivos: ....

Valores: ....

Calificación: ....

PERSONA 5

Nombre: ....

Objetivos: ....

Valores: ....

Calificación: ....

Una vez has completado la lista, ¿qué ves? ¿Qué tipo de influencia tiene tu entorno en tu vida? Piensa con calma en lo que has escrito y evalúa si, de cara a conseguir tu éxito, es necesario que hagas algún cambio, aunque te resulte difícil.

RODÉATE DE LAS PERSONAS QUE TE HACEN SER TU MEJOR VERSIÓN

Como has visto en el punto anterior, es fundamental que crees un entorno que te empodere, y para ello vas a tener que tomar decisiones conscientes sobre con quién pasas el tiempo y cómo influye esto en tu vida.

Tienes que saber identificar qué entornos o personas te valoran más y te hacen sentir más apoyada. Esto es algo fundamental: es clave que te rodees de personas que te inspiren y animen a ser cada día un poco mejor que ayer, porque esto va a hacer que tengas mucha más confianza en ti misma en todos los sentidos.

CUANDO TENGAS UN ENTORNO QUE TE EMPODERE, SERÁ CUANDO PUEDAS SACAR LO MEJOR DE TI MISMA.

Puede que tengas la suerte de contar ya con un entorno que se alinee con tus aspiraciones; si ese es el caso, ¡enhorabuena! Pero si no estás en esa situación, no te preocupes: conectar con gente acorde a ti no es una misión imposible.

Mi recomendación es que acudas a eventos o te unas a comunidades que sean de tu interés. Aquí no solo estarán personas que ya han conseguido lo que tú quieres conseguir y que por tanto pueden ser modelos a seguir, también encontrarás a gente con tus mismas ambiciones con la que podrás hablar de temas que te interesan. A mí esto me pasa muchísimo, cuando voy a eventos de emprendedores siento que hablamos el mismo idioma, que puedo hablar de facturación sin que nadie se asuste y nutrirme de conocimiento para hacer crecer mi negocio.

Seguro que tú tienes algún entorno similar, y me gustaría que lo anotases aquí. Pon tantos como sientas que tienes y explica por qué crees que son entornos que te empoderan.

....

....

....

....

Espero que ahora hayas ganado claridad en cuanto a tu entorno. A mí me ha llevado tiempo entender el poder que tiene el entorno en el éxito de cada persona. Ahora, sin embargo, puedo ver que no se trata únicamente de escoger entre lo que es positivo y lo negativo, sino también de comprender que tu bienestar, tu salud mental y tu éxito están directamente relacionado con esto.

Te he contado cómo una buena influencia te puede catapultar a conseguir todos tus objetivos y cómo una relación tóxica te puede llevar a no conseguir nada en absoluto. ¿Ya tienes claro cómo aplicarlo a tu vida?

NO TE APROVECHES DE LOS DEMÁS Y NO DEJES QUE OTROS SE APROVECHEN DE TI

Algo que potenciará tu mentalidad de éxito es entender que los retos siempre se pueden convertir en oportunidades. Y esto, por supuesto, resulta mucho más fácil de lograr cuando tienes gente en tu entorno que te puede ayudar a aprovechar estos desafíos. Por eso, de cara a enfrentarte a desafíos, te será de gran ayuda expandir tu red de contactos y potenciar esas amistades o contactos que ya tenías.

Sin embargo, no debes ampliar esta red de contactos de cualquier manera, porque en este tipo de situaciones la calidad es más importante que la cantidad.

LAS CONEXIONES SINCERAS SERÁN LAS QUE MÁS VALOR TE APORTARÁN.

Aquí te dejo algunos consejos para que puedas construir buenas redes de contactos:

1. Ofrece valor a las personas que te rodean antes de pedir. A nadie le gusta que les pidan cosas todo el rato y que no les aporten nada. Recuerda que una relación siempre debe ser recíproca.

2. Muestra interés genuino y auténtico. Pregunta a las personas que te rodean cómo están, qué les preocupa y presta atención a lo que te dicen, así podrás ayudarles también.

3. No esperes que las personas vengan a ti a preguntarte. Sé proactiva y toma la iniciativa de fortalecer esas relaciones. Si no te escriben, escribe tú. Si no te proponen quedar, proponlo tú. No esperes que los demás lo hagan por ti.

4. Muestra aprecio y gratitud de tener a esa persona en tu vida. Algo tan simple como decir «agradezco mucho tenerte en mi vida», «te quiero» o «gracias» puede ser una forma de transmitirlo y hará que la otra persona se sienta valorada.

Tu entorno lo es todo. Si te juntas con gente conformista serás un conformista. Si te juntas con gente exitosa, serás exitosa. Así que esfuérzate en encontrar a las personas indicadas y, cuando las tengas cercas, cuida esos vínculos y sácales el máximo provecho.

4

Administrate BIEN PARA CONSEGUIR *lo que* QUIERES

APRENDE SOBRE GESTIÓN Y FINANZAS

Si aspiras a lograr el éxito en tus proyectos empresariales, tener una buena actitud es imprescindible, pero no basta solo con eso. A lo largo de este camino vas a tener que administrarte económicamente, así que es necesario que controles ciertos conceptos y seas capaz de sacarles provecho.

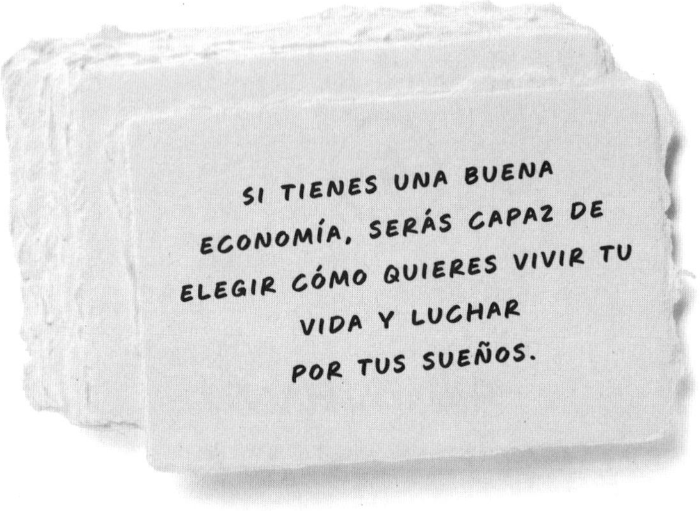

Ser exitosa financieramente se compone de varios elementos, como si de una viaje con escalas se tratase. A lo largo de este capítulo vamos a ver cuáles son las diferentes escalas que debes hacer para ser exitosa a nivel financiero, es decir, qué debes hacer para ser financieramente independiente.

En primer lugar, es imprescindible que tengas una educación financiera buena. Sin esta escala es imposible que tengas éxito, ya que esto es lo que te permite saber cosas como ahorrar o invertir. Es fundamental que sepas gestionar bien tanto tus ingresos como tus gastos para así tener una buena gestión de tu dinero.

Te dejo algunos libros y cursos que puedes aprovechar para mejorar tu educación financiera:

- *Padre rico, padre pobre* de Robert Kiyosaki. Este libro te ayudará a tener una buena mentalidad para invertir y explica términos como ingresos pasivos y activos en un lenguaje muy sencillo.
- *The Total Money Makeover* de Dave Ramsey. Es uno de los primeros libros que deberías leer, ya que presenta las bases para no tener deudas y ser estable económicamente.
- Fundamentos de Finanzas Personales. Este curso está en la plataforma Coursera y es genial para aprender las bases de las finanzas personales, inversiones y a cómo ahorrar.
- Finanzas Personales para Todos. Este curso lo puedes encontrar en El Club de la Inversión y es bastante completo.

Cuando cuentes con esta base, te darás cuenta de que hay muchas cosas que puedes hacer para optimizar la manera en la que administras tu economía. Y, es más, seguramente cambiará incluso tu visión del éxito financiero. Si me preguntas a mí ahora, después de todo lo que he aprendido, te diría que no consiste en tener millones de euros en el banco, sino en saber generar y mantener el suficiente dinero para poder vivir la vida de tus sueños sin depender de nadie.

IDENTIFICA TUS GASTOS PARA PODER REDUCIRLOS Y AHORRAR

La educación financiera va a ser la que te lleve a saber gestionar bien tu presupuesto. Un punto clave para gestionar bien tu dinero es que sepas cuánto ganas, cuánto gastas y en qué estas gastando ese dinero. Cuando no tienes un presupuesto al que ceñirte es muy fácil que no seas ni consciente de adónde va tu dinero.

TENER UN PRESUPUESTO Y GESTIONARLO CORRECTAMENTE TE HARÁ AHORRAR MÁS.

Ahorrar es imprescindible porque la estabilidad económica parte de unos ahorros que sean tu «colchón» en caso de algún imprevisto: que se te estropee el coche, que tu mascota se ponga mala o que se rompa la lavadora, por ejemplo. Si tienes ahorros, no dependerás de terceros, como pueden ser tus padres, para que paguen por esos imprevistos que surgen.

Te voy a dar varios consejos para que sepas gestionar bien tus finanzas personales y que consigas todo lo que te propongas.

1. **Recorta gastos que no sean necesarios.** Hay muchos tipos de gastos: gastos fijos, variables, ocasionales, imprevistos, de inversión, de deuda… Hay gastos que son necesarios y otros que son opcionales. Por ejemplo, comer es un gasto esencial, mientras que ir al cine es opcional. Si tienes menos presupuesto, deberás tener menos gastos adicionales, como gastos de ocio o tiempo libre.

2. **Hazte un presupuesto mensual.** Para gestionar bien tus ingresos te recomiendo que los dividas de la siguiente forma:

   → 50% en necesidades esenciales como son la vivienda, la comida, la salud…

   → 20% en ocio o deseos como puede ser ir al gimnasio o salir a cenar.

   → 20% ahorrarlo.

   → 10% en formación.

3. **Crea un fondo de emergencia.** Este dinero puede ser muy útil en caso de que surja cualquier imprevisto. Si cada mes le metes un 10% de lo que ganas al fondo de emergencia, cuando necesites un «colchón» con el que pagar un imprevisto, lo tendrás.

4. **Define tus metas correctamente.** Como veremos más adelante, es importante que tus metas no sean ambiguas; deben ser específicas, medibles, alcanzables, relevantes y contar con un máximo de tiempo. Por ejemplo: para enero de 2026 quiero tener cincuenta mil euros ahorrados para dar la entrada de mi primera casa en Madrid.

5. **Mira tu cuenta bancaria diariamente.** Esto, además de ayudarte a saber cuánto te queda, te ayudará a ver dónde se está yendo tu dinero y te permitirá identificar esas fugas financieras donde tienes que hacer ajustes, y podrás aumentar tus ahorros.

6. **No te dejes llevar por los gastos impulsivos.** Muchas veces nos dejamos llevar por gastos impulsivos para sentir que no estamos desaprovechando la oportunidad. Amiga, déjame decirte que no hay oportunidades únicas. Así que no te agobies, que tendrás otras muchas. Yo para controlar este tipo de gastos hago dos cosas:

→ Me hago muchas preguntas antes de comprar para asegurarme de que es una compra racional y no por impulso, como por ejemplo:

- ¿Realmente me hace falta o es solo un capricho?
- Esto que voy a comprar, ¿va a mejorar mi vida?
- ¿Me estoy dejando llevar por una emoción como la tristeza o el aburrimiento?
- ¿Vale realmente lo que cuesta o estoy pagando solo por una marca?
- ¿Esta compra tiene que ver con mis prioridades actuales?

→ Dejo pasar por lo menos veinticuatro horas, porque así ya no compro en caliente. Me da tiempo a darle vueltas a lo que voy a comprar, a los pros y los contras, y no solo ahorro dinero, también disgustos por comprar cosas que realmente no necesitaba.

GANA DINERO DE FORMA PASIVA INVIRTIENDO CORRECTAMENTE

Ya hemos visto cómo gestionar tu dinero para que puedas reducir tus gastos y ahorrar. Pero ¿vamos a conformarnos con eso? ¿No sería mejor buscar la manera de aumentar ese dinero que has conseguido ahorrar?

Si consigues ahorrar dinero todos los meses, este dinero lo puedes luego invertir de forma inteligente. Las inversiones son una forma de ganar dinero de forma pasiva; esto quiere decir que no necesitas trabajar para generar dinero.

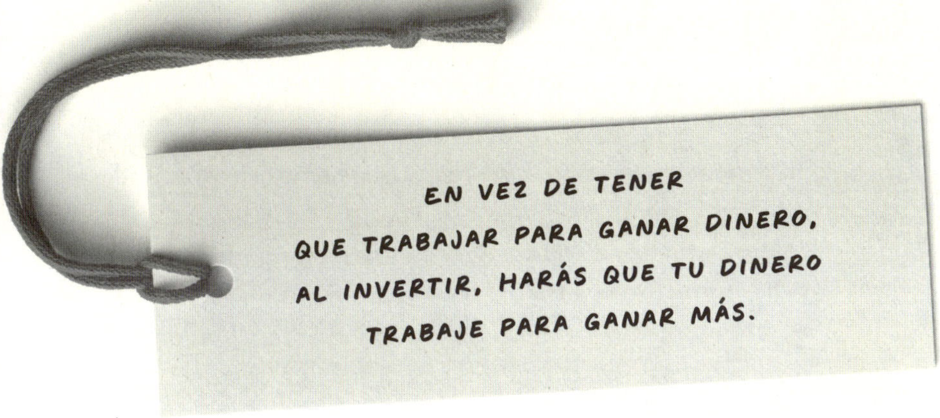

Hay muchas opciones de inversiones, lo más recomendable es que te formes en inversión y busques acompañamiento de inversores expertos que te guiarán y ayudarán a tomar la mejor decisión. Busca opciones que sean rentables, ¡pero no te dejes engañar! Piensa que cuando algo tiene una rentabilidad muy alta, normalmente su riesgo también lo es. Aquí te dejo diferentes opciones de inversión y sus pros y contras.

1. Invertir en tu propio negocio.

Esta ha sido mi favorita, porque depende de mí al cien por cien controlar la inversión que hago. Es de las inversiones con más rentabilidad (normalmente las inversiones tienen entre un 5 y 10 por ciento de rentabilidad, mientras que un negocio puede tener la rentabilidad que tú quieras; en mi caso, Agencia Crecer tiene una rentabilidad de entre el 30 y 40 por ciento) y además puedes generar una inversión a largo plazo. Pero claro, si fuese así de fácil, todo el mundo lo haría. Lo malo de invertir en un negocio propio es que te exige tiempo, esfuerzo y conocimientos. Y, por supuesto, siempre existe la posibilidad de fracasar.

Te pongo un ejemplo de inversión que hemos hecho este año en Agencia Crecer. Cuando empieces a emprender, te darás cuenta de que el banco es tu mejor amigo, si sabes cómo usarlo bien. Rubén y yo fuimos a un evento de emprendimiento y vimos una muy buena oportunidad de invertir en nuestro negocio. El programa costaba seis mil euros con el IVA incluido para cinco meses del programa. Puede sonar caro, ¿verdad? Pues bien, cuando hicimos el resumen de los beneficios sacados de esos cinco meses (recuerda, beneficios no es lo mismo que ingresos), habíamos tenido unos doce mil euros de beneficio, lo que quería decir que esa inversión de seis mil euros la habíamos multiplicado por dos en tan solo cinco meses. Estos son los tipos de inversiones que tienes que buscar cuando vayas a invertir en tu negocio o proyecto.

2. Inversiones inmobiliarias.

Esta es una de las inversiones más comunes. Lo bueno de este tipo de inversiones es que te genera unos ingresos pasivos, es decir, no tienes que trabajar activamente para generar ingresos. Además, tienes control directo sobre la inversión (en muchas otras inversiones no lo tienes) y te genera un valor a largo plazo. Lo malo de este tipo de inversiones es que requiere de una inversión inicial grande al principio, tiene un coste de mantenimiento y puede variar su rentabilidad en función de cómo esté el mercado en ese momento.

3. Acciones.

Aquí compras una parte de una empresa y generas ingresos en función del aumento del precio de las acciones de la empresa. Esta inversión tiene un alto rendimiento a largo plazo y puedes vender tus acciones fácilmente para tener liquidez. Sin embargo, lo malo de las acciones es que fluctúan muchísimo y que, en caso de que la empresa fracase, pierdes todo el dinero, por lo que es importante tener conocimientos sobre el mercado.

4. Criptomonedas.

En este tipo de inversión, compras activos digitales como son Ethereum o Bitcoin y puedes usarlos como medio de intercambio o de inversión especulativa. Al tener acceso descentralizado, no necesitas intermediarios, tiene un potencial de rentabilidad muy alto y puedes obtener liquidez rápidamente. Lo malo es que son muy volátiles y puedes perder todo lo invertido por problemas tecnológicos, por lo que todavía no se considera una inversión segura.

Aparte de estas inversiones existen muchas otras, como bonos, ETF, fondos de inversión, bienes raíces, cuentas de ahorro e inversión, materias primas..., entre muchas otras. Investiga cada una de ellas y escoge la opción que más encaje contigo.

PIENSA EN EL LARGO PLAZO Y DEFINE TUS OBJETIVOS ECONÓMICOS

¡Ya estamos casi en nuestro destino final! El último paso sería planificarse a largo plazo. ¿Cómo quieres que sea tu vida dentro de cinco años? ¿Y dentro de diez? ¿Y de veinte? Planificar tus objetivos a largo plazo te ayudará no solo a mantenerte enfocada, sino que también te ayudará a planificarte mejor.

El siguiente ejercicio te va a ayudar a ganar claridad mental en cuáles son tus siguientes pasos para convertirte en una mujer exitosa financieramente.

Primero, piensa en tus metas en las siguientes áreas:

→ **Meta de vivienda:** ¿en qué casa te gustaría vivir y donde estaría esta casa?

....

....

→ **Meta de estilo de vida:** ¿qué cosas te gustaría poder comprarte? ¿A dónde te gustaría poder viajar?

....

....

→ **Meta de formación:** ¿te gustaría seguir formándote? Y en caso de que quieras tener hijos, ¿dónde te gustaría que estudiaran?

....

....

→ **Meta de salud:** ¿qué cuerpo te gustaría tener? ¿Cómo te gustaría estar de salud?

....

....

→ **Meta de patrimonio:** ¿cuánto dinero te gustaría tener ahorrado? ¿Qué patrimonio te gustaría tener?

....

....

Ahora, ¿cuánto cuesta cada una de estas metas que te has propuesto?

META	PRECIO POR MES	PRECIO POR AÑO	PRECIO POR 30 AÑOS
Vivienda			
Estilo de vida			
Formación			
Salud			
Patrimonio			

Ahora suma todos las casillas de la última columna (vivienda + estilo de vida + formación + salud + patrimonio).

¿Cuánto te sale?

....

Si quieres tener la vida de tus sueños, este es el dinero que debes de generar con tu trabajo para poder hacerla realidad, sin tener en cuenta los gastos que tienes. He aquí la importancia de una buena planificación de gastos e ingresos deseados. Teniendo en cuenta el precio de lo que esperas conseguir, tienes que poder generar suficientes ingresos para pagar eso y el resto de tus gastos y no terminar en bancarrota.

Puede que ahora estés pensando que es una locura, que esa cantidad de dinero es imposible de alcanzar, pero la realidad es que no lo es. Solo debes esforzarte para conseguirlo y seguir los pasos.

SÉ CONSTANTE CON TU GESTIÓN

Una vez has conseguido todo lo anterior... ¡mantente consistente! No se trata de ahorrar o invertir mucho un mes y luego no volver a hacerlo, lo más importante es que lo hagas de forma constante, porque eso será lo que te hará conseguir cosas grandes.

Si tienes por hábito gastar, transforma esos hábitos y oriéntalos a ahorrar.

> **ESOS PEQUEÑOS CAMBIOS SON LOS QUE TE VAN A LLEVAR A CONSEGUIR GRANDES COSAS.**

Te dejo algunos consejos para que te mantengas constante en el tiempo y no abandones a la primera de cambio:

1. **Define bien cuáles son tus objetivos.** Cuando tus objetivos estén bien definidos y hayas establecido un plazo de tiempo, irás con una dirección clara y contarás con un propósito. Por ejemplo: en lugar de decir que quieres ganar dinero, pon cuánto dinero quieres ganar y para cuándo.

2. **Divide tus objetivos en pequeños pasos.** Esto hará que no sientas que es imposible conseguirlo. Por ejemplo: proponte conseguir cinco mil euros en dos meses en vez diez mil euros en cuatro meses. Suena más fácil, ¿verdad?

3. **Ponte una rutina que puedas cumplir todos los días.** Recuerda que la consistencia es clave para conseguir tus sueños. En vez de ponerte un día como loca a buscar clientes y pasar el resto de la semana sin hacer nada, intenta, por ejemplo, escribir a diez personas cada día. Diez personas es un número superasumible y, si lo cumples durante toda la semana, al final de la semana habrás escrito a 70 personas.

4. **Visualízate obteniendo el resultado que quieres.** Cuando visualizas mucho lo que quieres conseguir, además de mantener la motivación, será mucho más probable que lo consigas, ya que el subconsciente no distingue lo que es real y lo que no. Por ejemplo: visualiza qué harías con ese dinero, para qué lo usarías y cómo mejoraría tu vida.

5. **Celebra cada logro que te acerque a tu objetivo.** Cada uno de ellos, por pequeño que sea, te hará ver que ese objetivo es posible si te mantienes enfocada. Por ejemplo: si consigues tus primeros mil euros, date un pequeño capricho, quizás una cena con amigas, un plan romántico con tu pareja..., lo que se te ocurra, siempre que te motive a seguir currando para conseguir tu objetivo final.

6. **Ten cuidado con tu diálogo interno.** Muchas veces somos nosotras mismas las que más nos autosaboteamos. Por ejemplo: si alguna vez se te viene a la mente que no puedes hacer algo, cambia ese diálogo por «claro que puedo, tengo las habilidades y conocimientos necesarios para lograrlo».

7. **Ten paciencia.** Las cosas que realmente merecen la pena no llegan por arte de magia. Tienes que saber que, si eres constante, lo vas a conseguir, pero que quizás no te lleve ni una semana ni un año...

↳ *Recuerda:* la constancia es el viaje que te hará llegar de tus sueños a la realidad, con cada pequeño paso estás una escala más cerca de tu destino final.

5

NUNCA DEJES *de* FORMARTE

NUNCA PIENSES QUE YA LO SABES TODO

Las personas más sabias en el mundo son aquellas que no paran de aprender y crecer. Lo que hará que dejemos de crecer será pensar que ya lo sabemos todo, lo cual, por supuesto, nunca será cierto. Por eso, es necesario que adoptes la mentalidad de querer crecer constantemente, aprender nuevas habilidades o mejorar las que ya tienes, descubrir cosas nuevas, mejorar tus conocimientos en tu área de especialización y escuchar a todo el mundo. Nunca sabes quién te puede contar algo interesante que no sabías y que te hará un poquito más sabia hoy de lo que lo eras ayer.

EL CONOCIMIENTO ES PODER.

Esto se aplica a todos los aspectos de tu vida, y sobra decir que también al ámbito empresarial. Por supuesto que para tener éxito vas a tener que formarte. Cuanto más aprendas, más sabia te volverás y, en consecuencia, tendrás éxito. Así que nunca caigas en esa falsa creencia de «ya sé todo lo que tengo que saber»: ¡fórmate constantemente!

Nunca vas a llegar a saber todo, por lo que tener la mente abierta a seguir aprendiendo y adquirir habilidades nuevas es fundamental. De hecho, lo deseable es que inviertas en formación el 10% de lo que cobres cada mes.

Sobre todo, hay dos cosas que debes hacer:

1. **Ser maestra en tu área**. Fórmate todo lo que puedas en tu sector, aprende nuevas habilidades, herramientas y tecnologías. Adopta el papel de eterno aprendiz, así nunca dejarás de aprender y cada día serás mejor profesional.

2. **Estar constantemente actualizada**. Como decíamos, todo cambia, y tu sector también va a cambiar. Investiga cuáles son las nuevas actualizaciones de tu campo y cuáles son las nuevas tendencias. ¡Es imprescindible que te mantengas al día!

ANALIZA EL RECORRIDO DE LAS PERSONAS EXITOSAS EN TU CAMPO

¿Alguna vez has oído eso de que todo está inventado ya? Muchos lo interpretan como que ya no es posible hacer algo original (cuando en realidad la visión única de cada persona será lo que haga que un concepto lo sea), pero lo que yo quiero que interpretes de ella es algo distinto: ya ha habido gente que ha recorrido ese camino que tú quieres recorrer, y lo han logrado.

SI OTROS HAN PODIDO,
SIGNIFICA QUE TÚ TAMBIÉN PUEDES.

Por esto, es importante que observes a personas que han tenido objetivos similares a los tuyos y los han alcanzado con éxito. Al analizar su recorrido, encontrarás herramientas, recursos o enfoques que tal vez no te habías planteado y que pueden serte útiles para sacar tu proyecto adelante de la mejor manera.

Así que, para que vayas empezando, ¿por qué no apuntas el nombre de algunas personas de tu sector a las que consideres exitosas y las cosas que más admiras de ellas? Con esto ya tendrás un borrador de lista y luego podrás profundizar más en el recorrido de cada una de ellas.

1. ....
....
2. ....
....
3. ....
....

Además de los referentes específicos que busques en tu campo, yo te dejo a continuación una lista de empresarios de éxito de los que creo que cualquier persona con actitud emprendedora puede aprender:

→ **Steve Jobs.** El cofundador de Apple es quizás uno de los empresarios más conocidos del mundo. Sus comienzos como empresario no fueron buenos, de hecho, fue rechazado en numerosas ocasiones. Cuando empezó en Apple, esta era una empresa muy pequeña y apenas tenía presupuesto. Por ello, tuvieron que prescindir de algunas personas del personal y entre ellos estuvo Steve Jobs. A pesar de «fracasar», se atrevió a fundar su propia empresa, que ganó mucha reputación y que posteriormente fue comprada por Apple. Cuando estas dos se fusionaron, Steve Jobs pasó a tener un cargo importante dentro de Apple y decidió cambiar radicalmente la imagen de la marca. Hoy en día Apple es una de las empresas de telefonía móvil más famosas e importantes del mundo. Uno de los aprendizajes que saco de Steve Jobs es que hay que seguir al corazón y a la intuición, ya que te llevarán a ser eso en lo que quieres convertirte.

→ **Walt Disney.** Le conocéis, ¿verdad? El creador de Mickey Mouse, del Rey León y de Blancanieves, entre otros grandes clásicos, fracasó muchas veces. Antes de convertirse en el pionero de la animación, fracasó en su vida profesional, hasta el punto de que le despidieron de un periódico en el que trabajaba alegando que no tenía suficiente imaginación. Creó varias empresas que no fueron exitosas, hasta que se jugó todos sus ahorros para crear *Blancanie-*

ves, que fue la película que le catapultó. Es el claro ejemplo de que quien la sigue la consigue, a pesar del miedo. De él he aprendido que, si puedes soñar algo, significa que también puedes hacerlo.

→ **Henry Ford.** Es el creador de una de las marcas de coches más famosas del mundo, Ford. En 1896 creó el primer «coche» con cuatro ruedas que se impulsaba con un pequeño motor. Su primera idea atrajo a muchos empresarios del sector, pero esta idea fracasó, no consiguió fabricar ni un solo coche con éxito. De hecho, cuando esto sucedió, le echaron de la asociación. Aunque hoy en día todos conozcamos Ford como una empresa de automóviles exitosa, esta fracasó cinco veces antes de tener éxito. Pero, lejos de rendirse, Henry Ford confió en su capacidad de lograr su objetivo. Su trayectoria nos enseña que es importante ver más allá de las necesidades de la gente, innovar y no conformarse con lo que sería fácil.

Como ves, ni los empresarios más exitosos han recorrido un camino de rosas. Han enfrentado dificultades, y puede que tú pases por situaciones similares. Eso no significa que no vayas a lograrlo, porque la clave para conseguir tus sueños es no dejar de intentarlo. Pero, al menos, cuando estés enfrentando momentos complicados, recordarás que otros han logrado superarlo y podrás usarlos de ejemplo para salir adelante.

OBSERVA BIEN TU ALREDEDOR, APRENDE DE ÉL Y DEJA QUE TE SORPRENDA E INSPIRE

Ahí afuera hay un mar ilimitado de oportunidades. Tener una mentalidad de abundancia es justamente esto, ver el mundo como un lugar repleto de oportunidades para ti. Este enfoque es todo lo contrario a la mentalidad de escasez, que es la que tiene la gente que piensa que los recursos son limitados, y que yo te recomiendo que evites. Las personas con una mentalidad abundante son más positivas y tienden a ver todas las posibilidades que hay, y es justamente esta mentalidad la que hace que encuentren oportunidades donde otros ven amenazas o simplemente no ven nada.

HAY MILES DE OPORTUNIDADES DISPONIBLES PARA TI, SOLO TIENES QUE SABER BUSCARLAS.

Como ya hemos ido viendo, en el esfuerzo está la clave. Pero todo (¡absolutamente todo!) en esta vida es posible, hasta las cosas más locas que te puedas imaginar. De cara a tener una mentalidad abundante que te ayude a conseguir tus sueños, te dejo tres consejos:

1. **Sé generosa.** Cuanto más das, más recibes. Comparte tus conocimientos, tus habilidades, tus contactos, tu tiempo, tu experiencia...

2. **Sé optimista.** Toda amenaza o desafío viene acompañada de una oportunidad increíble si la sabes ver como tal.

3. **Practica la gratitud.** Sé agradecida por todo lo que te pasa en la vida, por lo que ganas y lo que aprendes; todo lo que te pasa, te pasa por algo.

El escritor Stephen Covey decía que esta mentalidad tiene sus raíces en la seguridad y la confianza en nuestro valor personal, que nos hará ver que hay suficiente para todos. Así que trabaja para interiorizar esa idea y prepárate para los beneficios que te reportará aplicarla en tu día a día.

Piensa en tres cosas de tu día a día en las que no suelas reparar y que, cuando te paras a analizarlas, ves que tienen un impacto positivo de algún tipo en tu vida:

1. ....

2. ....

3. ....

Al igual que no habías reparado en ellas antes, seguro que habrá muchas otras cosas que te pasan desapercibidas y que te aportan valor. Mantén los ojos bien abiertos para que no se te escapen.

PRUEBA COSAS NUEVAS, NUNCA SABES QUÉ EXPERIENCIAS TE VAN A DAR LOS MAYORES APRENDIZAJES

Ya hemos visto lo importante que es salir de nuestra zona de confort para alcanzar nuevas oportunidades, y esto, como es obvio, también se aplica a la formación. ¿Eres consciente de todas las cosas que podrías aprender si salieras de tu entorno habitual? Las nuevas situaciones pueden ponerte en una posición complicada, sí, pero te obligarán a desarrollar nuevas habilidades y eso siempre acaba siendo bueno.

Así que aprovecha cada desafío que se te plantee en la vida como una oportunidad para aprender y mejorar. A veces estos desafíos aparecen para decirnos que no sabemos lo suficiente de algo o que tenemos una lección que aprender. Coge estas oportunidades para crecer, abrázalas y aprovéchalas al máximo.

CADA DÍA ES UNA NUEVA OPORTUNIDAD DE SER LO QUE TÚ QUIERAS SER.

Incluso si te equivocas, ¡no pasa nada! Todos hemos cometido errores en la vida. Que un día hagas algo malo no te convierte en una mala persona, que un día cometas un despiste no te convierte en una persona despistada... Parte del aprendizaje es cometer errores, caerte una y otra vez e incluso sentir que has fracasado. Aquí es donde es fundamental que tengas una buena mentalidad de crecimiento para afrontarlo y sacar lo positivo de estas situaciones para ser cada día una mejor persona y profesional.

Te cuento algo que jamás había contado públicamente:

Cuando empecé mi vida laboral con dieciocho años, por la inexperiencia, caí en una empresa que me contrató como comercial. Al no tener ni idea de cómo funcionaba el mercado laboral, no investigué nada sobre ella previamente. Supuestamente mi horario era de diez a siete (esto es lo que firmé en el contrato) e iba a trabajar como comercial vendiendo productos de salud con un salario fijo y unas muy buenas comisiones. ¿Cuál fue mi sorpresa? Nada de esto se cumplió. Nada. Nos obligaban a entrar a las nueve para una reunión y si te ibas antes de las ocho te miraban mal. Cuando iba a cobrar el dinero, me decían que las comisiones no me las daban porque el cliente no había pagado (qué casualidad que ningún cliente pagase, ¿no?) y, cuando iba a cobrar el cheque del mes, en varias ocasiones me dijeron en el banco que no se podía cobrar porque no había fondos. Para rematar, a los meses me enteré de que estaban investigados por estafa, porque no eran ni productos de salud.

¿Te puedes imaginar cómo me quedé? Fue horrible, lo pasé realmente mal. Pero ¿sabes qué? Aprendí muchísimo de esa experiencia tan traumática. Desde entonces, antes de entrar en cualquier lado, lo primero que he hecho siempre ha sido mirar bien para quién trabajo.

Después de trabajar en esa empresa tan horrible, conseguí un puesto de trabajo bueno en una empresa multinacional. Esta vez hice lo correcto, investigué a la empresa para asegurarme de que no me iba a equivocar. En esta empresa encontré mi vocación: llevar redes sociales y ventas a la vez, y reafirmé que quería tener mi propio negocio.

Te cuento esto para que te des cuenta de que no pasa nada por equivocarse. Todos nos hemos equivocado alguna vez, pero tienes dos opciones: quedarte ahí o levantarte y volver con más fuerzas y con un aprendizaje más en la espalda. Y quién sabe, puedes encontrar lo que de verdad te apasiona después de haber cometido un error.

Segunda parte

LÁNZATE A POR ÉL

6

DALES UN *enfoque* PRÁCTICO A TUS SUEÑOS

DEFINE TUS OBJETIVOS CON EL SISTEMA SMART

¿Recuerdas que cuando hablamos de finanzas te dije que era importante definir nuestros objetivos de la manera adecuada? Pues esto no solo se aplica a nuestra gestión económica, sino a todos los aspectos de nuestra vida en los que nos fijemos objetivos.

Por eso, una vez hemos planificado qué queremos conseguir y adoptado la mentalidad adecuada para ello, es fundamental proponernos unos objetivos SMART. ¿Y qué quiere decir esto de SMART? Pues corresponde a unas siglas en inglés que en español podríamos definir de la siguiente forma:

S: Específicas
M: Medibles
A: Alcanzables
R: Relevantes
T: Temporales

Vamos, que para que tu objetivo esté bien definido tiene que cumplir con todas esas características. En tu caso, proponte metas que sean claras, que puedas alcanzar, que se puedan medir (ejemplo: voy a conseguir 1000 euros) y que tengan un tiempo estipulado (ejemplo: antes del 1 de julio de 2025). Concretarlas de esta manera hará que también te resulte más fácil ver qué pasos debes tomar para alcanzarlas, y cómo y cuándo debes aplicarlos.

Además, si consigues esta meta que te has propuesto, esto te dará mucha confianza y te hará sentir que has conseguido un logro.

Ahora quiero que pienses en tu proyecto y que, con la mentalidad de crecimiento que ya has adoptado, pienses en cómo puedes llegar a lograr el éxito. Cuando lo tengas, escribe por lo menos dos objetivos SMART que quieras conseguir.

....

....

....

ORGANIZA TUS METAS A CORTO, MEDIO Y LARGO PLAZO

Vale, ya tienes tus objetivos definidos, ¿y ahora qué? Pues es el momento de crear tu plan de acción. Es importante que pongas qué pasos tienes que seguir para conseguir tu objetivo y que pongas plazos para cada uno de ellos. Puedes usar un calendario o una agenda para apuntar esas tareas que tienes que realizar y con qué frecuencia (diarias, semanales o mensuales). Anota en qué momento vas a hacer cada una de estas tareas, poniéndote plazos que sean realistas y que por tanto puedas cumplir.

Para que estas medidas sean realmente útiles, debes incluir metas a corto, medio y largo plazo. También sería interesante que clasifiques estas tareas como menos y más urgentes. Pero, incluso cuando planees las metas más próximas, recuerda:

SER CORTOPLACISTA SI QUIERES CONSEGUIR COSAS GRANDES EN LA VIDA NO TE VA A AYUDAR.

Es esencial que adoptes una mentalidad a largo plazo, que entiendas tu éxito y tus objetivos en conjunto. Es decir, incluso con tus metas más pequeñas e inminentes, mantén siempre en mente que deben ser pasos que te conduzcan al propósito final.

Plantear las metas cercanas e intermedias de manera adecuada te ayudará a disfrutar del camino hasta llegar a tu objetivo final. Si no equilibras lo que harás más pronto y lo que harás más tarde, acabarás por obsesionarte con el resultado final y no vas a disfrutar del proceso. Además, cuando consigas tu objetivo (si lo haces, porque sin equilibrio será más complicado), no te vas a sentir realizada, porque siempre querrás algo más para sentirte plena.

¿Cuáles son tus objetivos a corto, medio y largo plazo? Piensa en objetivos en todas las áreas de las que hemos hablado, recuerda que todo lo que haces en tu vida influirá de una forma u otra.

CORTO PLAZO: ....

....

MEDIO PLAZO: ....

....

LARGO PLAZO: ....

....

DEFINE LOS PEQUEÑOS PASOS QUE MARCARÁN EL CAMINO HACIA TU GRAN OBJETIVO

Una vez tenemos los objetivos y las fechas definidas de manera clara y específica, podemos empezar a pensar en cuáles son las acciones que podemos tomar en nuestro día a día para cumplir con lo que nos hemos propuesto. Mi recomendación es que te pongas tareas pequeñas que tengas que cumplir cada día para conseguir ese objetivo grande, ya que esto hará que parezca mucho más fácil y alcanzable. Es mucho más fácil comprometerse con pequeñas acciones que realizas todos los días que con grandes acciones que solo realizamos de vez en cuando.

Te pongo mi agencia como ejemplo: yo quiero hacer que Agencia Crecer llegue a facturar millones de euros. Lógicamente eso ahora mismo está lejos y puede resultar abrumador pensar en ese objetivo, pero si lo divido en pequeñas tareas que hacer cada semana resulta mucho más simple y fácil de conseguir. Yo lo dividiría de la siguiente manera las próximas semanas:

Semana 1: grabar todo el contenido necesario para hacer el lanzamiento de publicidad y dejar todo lo relacionado con ello listo.

Semana 2: conseguir a todo el equipo necesario para atender a los nuevos clientes que van a llegar y formarlos bien. A su vez, nuestro equipo de Closers se encargará de hacer las reuniones con los potenciales clientes.

Semana 3: organización de sesiones de grabación y edición de todo el contenido. Nuestro equipo de atención al cliente dará la bienvenida a los nuevos clientes.

Semana 4: comienzo del trabajo con los nuevos clientes y preparación del próximo lanzamiento.

Me gustaría que pensases en una lista de tareas diarias o, como mucho, semanales que tienes que hacer para conseguir tus sueños. ¿Qué se te ocurre?

....

....

....

....

....

Ahora concretemos un poco más. Para llevar esas acciones a cabo, ¿qué medios necesitas? Aquí piensa tanto en medios como en habilidades que tengas o que necesites adquirir para llevar esas acciones a cabo.

....

....

....

....

....

↳ *¿Lo tienes?* ¡Genial! Ya sabes qué quieres conseguir, qué acciones vas a tener que realizar para conseguirlo y qué herramientas necesitas para ejecutarlas. Ahora es el momento de poner en marcha tu plan de acción. Como ya sabes, ¡sin acción no hay resultados!

PESE A TODO, NO ESPERES A TENER UN PLAN PERFECTO PARA ARRANCAR, EL PROPIO CAMINO TE IRÁ ENSEÑANDO

Después de lo que hemos visto hasta ahora, te lo voy a decir bien claro: ¡pasa a la acción ya mismo! Una vez tienes tus metas y tu plan hecho, lánzate a por ello. Es mejor atreverse a actuar con un plan imperfecto que no empezar hasta tener algo perfecto, ya que durante el proceso irás aprendiendo qué cosas funcionan mejor y cuáles puedes mejorar.

Vamos, que no pienses que lanzarte a la acción es lo mismo que actuar a lo loco. Una vez hayas empezado a actuar y estés obteniendo tus primeros resultados, es importante que evalúes cómo están yendo las cosas y hagas los ajustes necesarios.

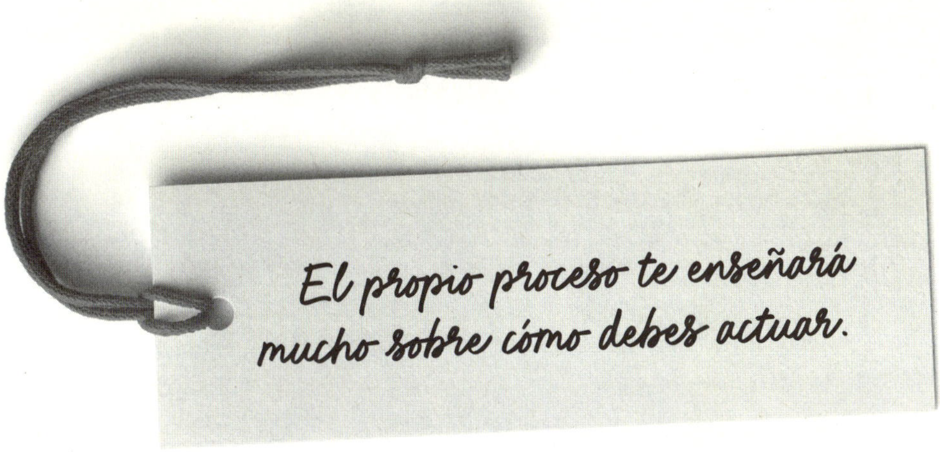

Es comprensible que antes de lanzarte a actuar te sientas un poco intimidada. Habrá momentos del proceso en los que sientas que te falla un poco la confianza, y en esos momentos quiero que recuerdes lo que has aprendido y que te visualices consiguiendo tu objetivo. Imagínate cómo te vas a sentir, con quién vas a estar... El hecho de visualizar lo que quieres conseguir no solo hará que te motives más a esforzarte en conseguirlo, sino que hará que tu subconsciente crea que ya lo tienes. Si tú te comportas como si ya lo tuvieras, acabarás consiguiéndolo, así funciona la ley de la atracción.

Así que, con esa imagen en mente, ¡lánzate a por ello!

Te propongo un pequeño ejercicio para ayudarte a visualizar lo que quieres y que nada te frene al lanzarte a por ello. Escribe en la columna de la izquierda las cosas que te están frenando, los problemas que crees que pueden surgir. Seguro que tiendes a imaginarte el peor resultado, pero en la columna derecha quiero que escribas lo contrario: visualiza el mejor resultado posible y todo lo bueno que puede salir de esas situaciones que te preocupan.

RESULTADOS NEGATIVOS	RESULTADOS POSITIVOS

NO TENGAS MIEDO A DAR EL PASO, ACTÚA

Otro de los motivos por los que mucha gente no ejecuta su plan de acción es que «no es el momento adecuado». Pero ¿sabes qué? Si te empeñas en buscar excusas, nunca lo será.

La mayoría de las personas se sientan a esperar que la oportunidad de sus vidas llame a su puerta. Pues siento decirte que si te sientas a esperar que las cosas te caigan del cielo sin hacer nada, probablemente nunca caigan. Las personas con mentalidad exitosa nunca se quedan quietas esperando a que les lleguen oportunidades, salen ahí fuera y las buscan. Tener una actitud proactiva te hará ponerte en acción y buscar oportunidades hasta debajo de las piedras y, querida, esto será lo que realmente te acercará a tus objetivos.

SI NO HACES NADA, NO VA A PASAR NADA. PASA A LA ACCIÓN Y BUSCA OPORTUNIDADES HASTA DEBAJO DE LAS PIEDRAS.

En la mayoría de las ocasiones no nos atrevemos a actuar porque tenemos miedo; miedo a no tener éxito, miedo a fracasar, miedo a tener que tomar decisiones difíciles... Cuando te lanzas a la acción solo pueden pasar dos cosas: que ganes o que aprendas, y créeme, los aprendizajes son tan importantes o más que las victorias.

Te voy a dejar una lista de excusas que todos nos hemos puesto en algún momento. Marca las que hayas dicho y reformula la frase para explicarte a ti misma por qué eso no debería pararte.

→ No tengo dinero.

....

→ Ahora no es el momento.

....

→ No tengo tiempo.

....

→ Mucha gente ya lo está haciendo.

....

→ Me da miedo fracasar.

....

→ Tengo demasiadas cosas que hacer.

....

→ Es muy complicado.

....

→ No sé por dónde empezar.

....

→ Primero necesito tener estabilidad económica.

....

→ Ya lo he intentado antes y me salió mal.

....

→ Tengo que saber más para hacerlo.

....

→ No conozco a nadie que me ayude.

....

→ Hasta que no esté perfecto, no empiezo.

....

→ No lo he hecho antes.

....

→ No tengo la motivación ahora mismo para hacerlo.

....

→ Hasta que no esté segura, no lo hago.

....

→ Esto no es para mí.

....

→ Aún tengo tiempo para hacerlo, lo haré cuando sea el momento.

....

7

SÉ PRODUCTIVA

EL TIEMPO ES LIMITADO, EXPRÍMELO TODO LO QUE PUEDAS

Para alcanzar el éxito debes dominar el arte de ser productiva. Y dejemos algo claro desde ya: ser productiva no equivale a hacer muchas cosas, sino a sacar el máximo provecho a cada hora que tienes disponible. Cuando cuentas con esta habilidad, serás capaz de ver cuáles son las tareas prioritarias y podrás llevarlas a cabo de la forma más eficiente posible sin perder el foco.

Muchas veces pensamos que no tenemos tiempo cuando lo que realmente nos pasa es que no sabemos gestionar el tiempo que tenemos disponible. Es fundamental saber utilizar el tiempo de forma inteligente, y esto incluye muchas cosas: evitar distracciones cuando estás haciendo una tarea, saber cuáles son las horas o las condiciones en las que mejor te concentras, y un largo etcétera.

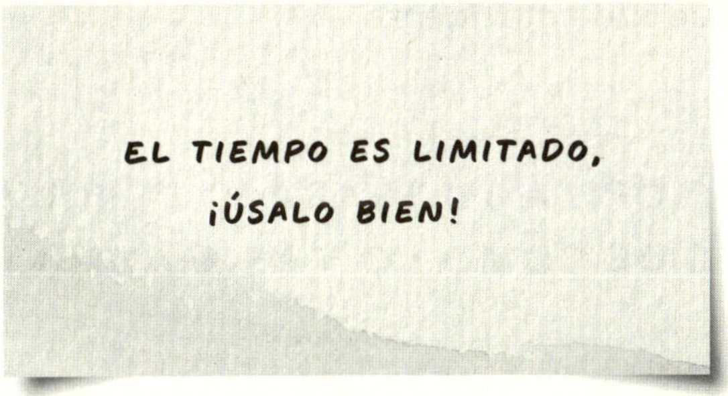

La organización es clave para ser una persona productiva y sacar el máximo partido a tu tiempo. Hay muchas formas de estructurar tu tiempo para que puedas llegar a todo. A mí, por ejemplo, me ayuda mucho apuntar en mi calendario las tareas imprescindibles de cada día. Una vez tengo esas colocadas, voy rellenando los huecos que tengo disponibles con esas cosas que son menos importantes.

Hacer listas interminables de tareas pendientes no sirve de nada. Lo mejor es saber escoger dos o tres tareas prioritarias cada día y luego añadir otras dos o tres secundarias que hacer en caso de que hayas acabado las prioritarias.

Otra de las cosas que debes hacer para aprovechar bien el tiempo es marcarte tiempos realistas para cada una de las tareas que tienes que hacer. No dejes tareas sin terminar solo por hacer la siguiente que tienes agendada porque al final tendrás un montón de tareas sin terminar y no servirá de nada.

A lo largo de este capítulo te ayudaré a establecer cuáles son tus prioridades para poder alcanzar tus metas, además de contarte cómo llevarlas a cabo de la mejor manera, sin saturarte ni frustrarte. Pero, como punto de partida, debes tener en mente que, una vez que pierdes el tiempo, ya nunca más lo vas a poder recuperar. Por eso es tan importante que sepas aprovecharlo al máximo y hagas que cada día cuente.

PRIORIZA TU TRABAJO PENDIENTE Y DECIDE CÓMO LO VAS A ADMINISTRAR

¿Has oído hablar alguna vez del método de Eisenhower? Este método te proporciona dos criterios con los que decidir cómo proceder con tu trabajo pendiente: debes ver si es o no es urgente, y si es o no es importante. La combinación de estas opciones te dará como resultado cuatro soluciones, que te explicaré a continuación.

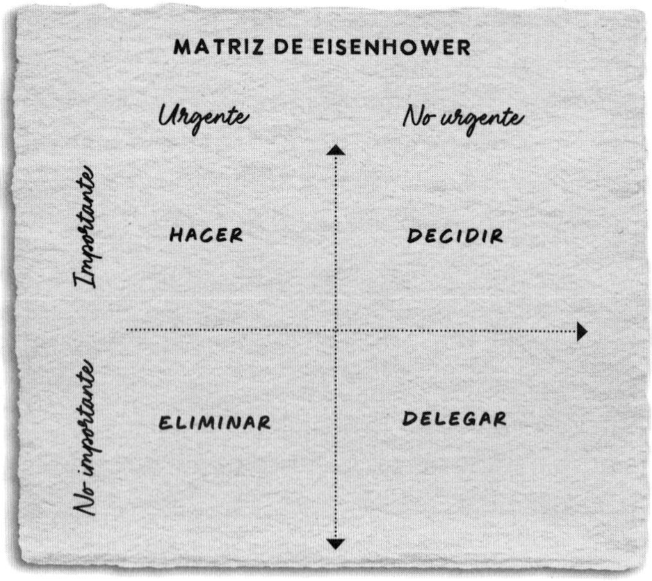

→ **Hacer (importante + urgente)**

Son estas tareas las que tienen que estar en el puesto número uno de tus prioridades. Estas tareas tienen un gran impacto y por tanto debes poner todo tu foco en ellas.

Un ejemplo de este tipo de tareas puede ser hacer un proceso de selección para un puesto que hay que cubrir urgentemente o hablar con un cliente.

Algunas tareas que tengo que hacer son...

....

....

→ **Decidir (importante + no urgente)**

Aquí, a pesar de que no sean tareas urgentes, sí que son importantes y requieren de tu atención, porque si no las atiendes correctamente se acabarán convirtiendo en tareas urgentes. Conviene que las programes en tu calendario para no dejarlas pasar, aunque no tengas que darles prioridad absoluta.

Este tipo de tareas son, por ejemplo, planificar algo o hacer procesos.

Algunas tareas que tengo que decidir son...

....

....

→ **Delegar (no importante + urgente)**

Aquí van las tareas que no son superimportantes, pero que sí que son urgentes. Por ejemplo, crear un contenido para un cliente no es una tarea importante para nuestra agencia, porque no depende de ello el éxito o fracaso de la agencia, pero sí que es urgente. Por eso, estas tareas son perfectas para delegar, porque si me pusiera yo a crear el contenido me desviaría de las tareas importantes.

> *Esto nos pasó a Rubén y a mí en nuestros comienzos como agencia, es habitual que les suceda a muchas empresas al principio. No teníamos los recursos suficientes para delegar y acabábamos haciendo tareas como grabar contenido o editar, que no eran realmente tareas cruciales y que, por tanto, durante unos meses nos desviaron bastante de nuestro foco principal.*

Algunas tareas que tengo que delegar son...

....

....

→ **Eliminar (no importante + no urgente)**

Si una tarea no es ni importante ni urgente, ¿para que la necesitas? Estas tareas tienen bajo valor y además suelen consumir bastante tiempo, así que lo único que van a hacer es distraerte de tu foco. Lo mejor que puedes hacer con ellas es eliminarlas.

Un ejemplo de este tipo de «tareas» es ver la televisión o estar horas en redes sociales. Puedes ocupar este valioso tiempo en formarte, hacer deporte o leer, o en cualquier otra tarea que te vaya a nutrir.

Algunas tareas que tengo que eliminar son...

....

....

APROVECHA LAS MAÑANAS PARA LAS TAREAS QUE REQUIERAN CONCENTRACIÓN

¿Sabías que tu productividad varía en función de la hora del día? Estas variaciones de productividad se deben a las fluctuaciones naturales que todos tenemos en los ritmos circadianos. Estos no solo afectan a la energía que tenemos, también afectan a nuestra capacidad cognitiva a lo largo del día y, por tanto, a nuestra productividad.

Por eso conviene que sepas qué momento del día se adecúa mejor a cada tipo de tarea, para poder distribuirlas de manera más adecuada y así exprimir cada momento al máximo.

Elegir el momento adecuado PUEDE HACER QUE VEAS tus tareas con otros ojos.

La productividad por la mañana suele ser más elevada. Esto se debe a tres cosas principalmente:

- La mayoría de nosotras tenemos más energía y mejor concentración nada más levantarnos. Esto es porque nuestros niveles de cortisol están más elevados a primera hora de la mañana.
- Cuando te acabas de levantar tienes la mente fresca, esto te ayuda a ser más eficiente, pudiendo planificar y priorizar las tareas más importantes al

principio de la mañana para que después no surjan imprevistos a lo largo del día que hagan que no completes las tareas más importantes.

- En cuanto a las distracciones, las mañanas normalmente son más tranquilas y con menos distracciones. Por esto, son perfectas para hacer esas tareas que requieren de una alta concentración.

¿Y si escribes una lista de tareas que requieran de concentración y que te pueda beneficiar hacer por las mañanas?

....

....

....

....

....

....

Intenta ser consistente con ellas y, cuando hayas adoptado la rutina, compara tus nuevos niveles de productividad con los anteriores. ¿Notas el cambio?

USA LAS TARDES PARA SACAR TU LADO CREATIVO

Por las tardes, la energía suele disminuir y con ella nuestra concentración, sobre todo cuando acabamos de comer y estamos con el estómago lleno. Esto hace que en la mayoría de los casos la productividad decaiga, aunque no por ello debemos pensar que es un momento del día que no podemos aprovechar para ningún tipo de tarea.

Aunque nuestra energía disminuye, hay evidencias de que la creatividad aumenta, porque el cerebro, al no tener el mismo foco que por las mañanas, da más rienda suelta a la imaginación. Por eso, es el momento perfecto para que hagas esas tareas más creativas. También puede ser un buen momento para que hagas aquellas tareas que no requieran de mucha concentración, como puede ser hacer reuniones, responder a correos o planificar tu semana.

En mi caso, por ejemplo, he visto que mis momentos más productivos para escribir este libro han sido nada más levantarme por las mañanas, cuando más concentrada estoy, o después de la siesta por las tardes, porque es cuando mi mente se pone más creativa y me fluyen mejor las ideas.

No es una ciencia exacta y algunas tareas, como esta que te pongo de ejemplo, pueden requerir tanto de concentración como de creatividad. Por eso es importante que hagas lo que yo hice, probando distintos momentos y fijándote en los que más te favorecen a ti.

Ahora me gustaría que escribieras una lista de tareas que requieren de creatividad y que te pueda beneficiar hacer por las tardes.

Como con la lista del apartado anterior, intenta ganar rutina y evaluar si tu productividad cambia con este nuevo sistema.

ELIGE DISTINTOS LUGARES PARA REALIZAR CADA TAREA

Hemos visto cómo el momento del día nos puede influir, pero ¿es el tiempo lo único que nos conviene tener en cuenta? ¡Pues no! El espacio también puede ser un factor relevante, ya que está demostrado que el cerebro relaciona ciertos sitios con ciertas actividades. Por ejemplo, asociamos la cocina a comer o el cuarto a dormir.

COSAS COMO EL ESPACIO EN EL QUE ESTÁS PUEDEN CONDICIONARTE SIN QUE SEAS CONSCIENTE, APROVÉCHATE DE ELLO.

Por eso, es recomendable que busques zonas para cada tarea. Así harás que tu cerebro relacione ese espacio con la tarea en concreto que vas a realizar. Si trabajas desde casa, como es mi caso, puede ser muy útil tener un despacho o algo que se le parezca; es decir, una zona con mesa, silla y la tranquilidad que necesitas para ser productiva. Trata de evitar trabajar tumbada en la cama, porque tu cerebro tiene la cama asociada a dormir.

Para escribir este libro también me ha afectado el entorno a la hora de ser productiva. Cuando más y mejor he escrito ha sido cuando estoy bien sentada en una mesa (en vez de sentada en el sofá con el ordenador encima) y con música de Disney en versión piano. Este tipo de música me ayuda mucho a centrarme y a ser creativa.

En cambio, cuando hago una reunión con alguien del equipo o con un cliente, necesito silencio total y buena luz para poder hacer bien la reunión. Este es el tipo de cosas que deberás aprender a identificar, dónde y cuándo eres más productiva para cada tarea.

Describe, con el mayor detalle que puedas, el entorno ideal en el que te gustaría desarrollar tus tareas. Ten en cuenta que puede cambiar dependiendo del tipo de tarea, así que tal vez tengas que describir más de uno (por ejemplo, uno que te ayude a concentrarte y otro que te ayude a ser creativa).

....

....

....

Puede que no esté en tu mano crearte un espacio que sea idéntico al que has descrito, pero seguro que muchos de los elementos que has mencionado sí están a tu alcance. Aprovéchalos para crear tus espacios de trabajo.

EVITA LAS DISTRACCIONES

Tener claros los momentos y espacios que más favorecen a tu trabajo te será muy útil, pero hay algo más que no debes descuidar si no quieres que esos avances se echen a perder, y es que, sin disciplina no hay nada. Esto quiere decir que, para tener realmente éxito en tu día a día de trabajo, tienes que contar con una rutina diaria que debas seguir evitando distracciones y con objetivos claros para cada día.

ES IMPORTANTÍSIMO QUE SEAS CONSTANTE Y TE MANTENGAS ENFOCADA.

Hoy en día todos tenemos el móvil muy a mano, la televisión, el ordenador... Hay miles de distracciones y cuesta enfocarse. Evita tener todas estas distracciones cerca de ti. Puedes, por ejemplo, dejar el móvil en otra habitación, la televisión apagada y el ordenador con máximo dos pestañas abiertas para evitar distracciones.

Por otro lado, incluso nuestro propio trabajo nos puede generar distracciones. A veces queremos hacer tantas cosas que unas nos distraen de las otras, pero debemos evitar hacer *multitasking*. Aunque nos han vendido que somos capaces de hacer más de una tarea a la vez, la realidad es que es mejor centrarse en hacer una sola cosa en cada momento. Esto hará que seas mucho más productiva y también que hagas la tarea mejor, porque todo tu foco estará puesto en ello. Es mejor hacer una cosa bien hecha que diez a medias y mal hechas.

Vamos a crear tu zona de foco. Te cuento los pasos a seguir.

1. **Haz una lista de todas las posibles distracciones que tengas:** móvil, redes sociales, compañeros...

   ....

   ....

2. **Prepara tu espacio de trabajo**. Sin distracciones, sin ruido, solo con las cosas esenciales para trabajar y un espacio que sea cómodo. Escribe qué cosas vas a tener en la zona de foco.

   ....

   ....

3. **Organiza tu tiempo.** Ponte bloques de cuarenta y cinco minutos y deja otros cinco o diez de descanso.

....

....

4. **Ponte una recompensa** si completas los bloques correctamente. Por ejemplo: cuando termine de hacer X tarea, cojo el móvil cinco minutos. Escribe algunas de las posibles recompensas.

....

....

5. **Usa un cuaderno** en el que apuntar otras tareas que tienes que realizar, pero que no deben distraerte mientras trabajas. Por ejemplo, si durante un bloque se te ocurre que tienes que poner una lavadora, apúntalo para hacerlo luego.

No olvides que las distracciones son ladronas de tiempo y energía. Aprende a decir «no» a las distracciones para decir «sí» a ser productiva y a conseguir tus objetivos.

UTILIZA HERRAMIENTAS QUE TE AYUDEN A PLANIFICARTE Y A TENER EL TRABAJO ORDENADO

Una buena planificación de tu día es fundamental. Con todo lo que hemos visto hasta ahora, toca que te pongas manos a la obra, pero por supuesto debes hacerlo de forma ordenada. Piensa qué tienes que hacer, cómo y cuándo lo vas a hacer. Ponte bloques de tiempo para cada tarea que debas hacer en el día, siempre teniendo en cuenta tus picos de productividad y las horas en las que pones cada tarea.

Aquí te dejo un ejemplo de cómo organizo yo mi día:

LUNES

9 a 9:45
Leer.

9:45 a 10
Responder los mensajes que tengo.

10 a 12
Proceso de selección.

12 a 13
Entrenamiento.

13 a 14
Proceso de selección.

14 a 16
Parada para comer y descansar.

16 a 17
Reunión con el equipo para ver objetivos de la semana.

17 a 18
Escribir.

18 a 19
Preparar publicación para subir a redes sociales y subirla.

19 a 20
Sesión de formación para escalar nuestro negocio.

20 en adelante
Descansar.

Si te das cuenta, pongo la tarea más importante a primera hora, me dejo mis huecos de descanso, ocio y deporte, y pongo por las tardes esas tareas que requieren de menos concentración y que son más creativas. Además, me marco en otro color esas dos o tres tareas fundamentales que tengo que hacer para sentir que mi día ha sido productivo y luego, en los huecos, coloco esas tareas que quiero hacer, pero que son menos importantes.

Un consejito extra que te doy es que apuntes las tareas que has completado exitosamente. Esto, además de ayudarte a ver qué tareas te quedan para el próximo día, te hará ver todo lo que has progresado ese día y hará que te sientas satisfecha con tus avances.

A mí me gusta este método porque tiene muchos beneficios, como por ejemplo:

→ **Hace que pongas toda tu atención en lo verdaderamente importante.**

→ **Mejora tu productividad.**

→ **Mejora tu forma de gestionar el tiempo.**

→ **Te ayuda a ver todo de forma más clara y organizada.**

¡Ahora te toca a ti! Planifica esta semana poniendo tres tareas clave en un color y las secundarias en otro. Recuerda marcar bloques de tiempo para cada tarea.

LUNES	MARTES	MIÉRCOLES	JUEVES	VIERNES	SÁBADO	DOMINGO

NO ES CUESTIÓN DE QUE TRABAJES MUCHO, SINO DE FORMA EFICAZ

¿Alguna vez has oído hablar de la regla 80/20? Esta regla habla de que el 80 por ciento de los resultados que obtengas vienen del 20 por ciento de lo que te esfuerzas, por eso es importante que sepas identificar qué tareas son las que realmente hacen que consigas tus objetivos, para poder poner el foco en ellas.

Como ya sabes, no todas las tareas que haces a lo largo del día tienen el mismo impacto en el objetivo que quieres conseguir a largo plazo. Aunque lo suyo es que cumplas todas las tareas que te marques por día, hay algunas que son más prioritarias que otras.

Por ejemplo: buscar gente para el equipo es una de nuestras tareas prioritarias ahora mismo porque sabemos que esta «pequeña» tarea va a tener un gran impacto en el éxito de la agencia. Además, nos va a ahorrar mucho tiempo a la larga, ya que, si conseguimos a gente buena para el equipo, podremos delegar casi al cien por cien algunas tareas, y aumentará nuestra productividad por mucho.

Cuando ya tengas esas tareas clave puedes eliminar las que no tienen impacto o que tienen un bajo impacto. Si reduces el tiempo que le dedicas a tareas de bajo impacto, liberarás recursos tan importantes como son el tiempo o la energía y podrás poner el foco en aquellas labores que sí que son importantes. Recuerda lo que hemos visto sobre las distintas opciones que tenemos para enfrentar tareas: si tienes cosas más importantes, o bien dices que no y eliminas las otras o las delegas, como hacemos nosotros por ejemplo con los servicios de community manager. Esto hace que tengamos mucho más tiempo, foco y energía para hacer tareas que realmente nos vayan a acercar a nuestro objetivo final.

Algunos de los beneficios de aplicar esta regla son:

- **Mayor productividad.**
- **Mayor enfoque.**
- **Mejores resultados.**
- **Menos sobrecarga de trabajo.**
- **Menos estrés y menos presión para llegar a todo.**

Te propongo un ejercicio para ser más eficiente en tu día a día. Se trata de un método en el que vamos a dividir las tareas en microtareas que resulten más fáciles de completar.

Primero vamos a dividir tu jornada en bloques de una a dos horas. Un bloque podría ser, por ejemplo, «de diez a once me encargo de los contratos».

Una vez tengas tu jornada dividida, vamos a dividir cada bloque en pequeñas tareas. Por ejemplo, en los treinta primeros minutos reviso los contratos que ya están hechos y en los treinta siguientes preparo los contratos pendientes.

Al final del día, deja diez minutos libres para evaluar cómo de eficiente has sido y para ver si hay algún bloque al que le debas dedicar más o menos tiempo en los próximos días. Te doy varios *tips* extra para este ejercicio:

- **Pon la tarea más importante, si puedes, la primera. Si es necesario, deja tiempo extra para ella.**
- **Elimina todas las distracciones posibles que tengas.**
- **Deja algún hueco entre bloques por si surgiera algún imprevisto.**

....

....

....

....

....

....

8

APROVECHA LA FUERZA *de tu* EQUIPO

BUSCA TU ÉXITO DENTRO DEL ÉXITO DE TU GRUPO

¿Sabes cuál es la verdadera diferencia entre una líder y una jefa? No se trata solo de ser una figura de autoridad o de tener muchos seguidores en las redes sociales, es tener la capacidad de inspirar y guiar a otras mostrándoles el camino correcto. Una verdadera líder no busca tener poder, ya que sin necesidad de tenerlo es capaz de motivar y ayudar a la gente a hacer cosas. Y esto, amiga, será lo que haga que saques el máximo potencial de la gente de tu equipo.

> UNA JEFA ORDENA QUE SE HAGAN COSAS, MIENTRAS QUE UNA LÍDER DEMUESTRA CÓMO AVANZAR E INSPIRA A LOS DEMÁS.

Pero no te vayas a pensar que ser líder es un camino de rosas. Convertirse en una auténtica líder a veces implica tomar decisiones complicadas, asumir la responsabilidad de los resultados obtenidos (sean positivos o negativos) y también ser la brújula que guíe en situaciones desconocidas. Ser una verdadera líder es asumir que solo vas a tener éxito si consigues que tu equipo también tenga éxito y trabajen todos juntos remando en una misma dirección.

Entonces, si tú quieres que todo tu equipo reme en la misma dirección, tendrás que saber comunicar cuál es la dirección, ¿verdad? Es fundamental que tengas una visión y que sepas comunicarte con tu equipo de forma efectiva.

Estas son algunas claves para lograrlo:

1. **Asegúrate de que tu visión sea específica, clara y fácil de entender.** Aquí es fundamental que uses lenguaje simple que todo el mundo entienda, independientemente de su experiencia.
2. **Muestra tu pasión por lo que quieres conseguir.** Comunica desde el corazón y muéstrate auténtica, ya que tu emoción será contagiosa y motivará a los demás.

3. **Tu visión debe de estar alineada con tus valores.** Comparte tus valores con tu equipo y explícales por qué los defiendes.

4. **Actúa como un modelo a seguir siendo coherente con tu visión.** Aquí también es importante que muestres los pequeños avances que vas haciendo y que te acercan más a tus objetivos.

5. **Inspira a la gente con tu visión.** Cuando no solo dices lo que quieres conseguir, sino que transmites a los demás ese sentimiento de realización y satisfacción, todo será mucho más inspirador y real.

Me gustaría que ahora pienses en cuál es tu visión. Escríbela en una frase simple que sea específica y fácil de entender.

Por ejemplo: «Quiero que en mi empresa todo el mundo se sienta a gusto, sienta que puede desarrollar su máximo potencial y que todos juntos creemos una empresa exitosa».

....

....

....

Ahora une esa visión con tus valores y explica por qué son importantes para ti.

Por ejemplo: «Lealtad, crecimiento personal y laboral y respeto son los tres valores más importantes para mí. Quiero fomentar que todos nos sintamos respetados, que podamos desarrollarnos y que contemos con la confianza de que nadie dentro del equipo nos va a traicionar. Así, garantizo no solo el crecimiento de la empresa, sino también que la gente se sienta valorada y motivada».

....

....

....

NO TENGAS MIEDO A CONVERTIRTE EN UNA LÍDER

Otra parte fundamental de una buena líder es saber tomar decisiones y asumir la responsabilidad que deriva de ellas. Por supuesto, debemos intentar que los pasos que damos en nuestro camino al éxito generen soluciones y no problemas, así que aquí te dejo algunos consejos para tomar mejores decisiones:

1. **Identifica** bien el problema que tienes que resolver o la decisión que hay que tomar.
2. **Investiga** o pregunta acerca de la situación en cuestión. La información es poder.
3. **Piensa** en varias opciones o soluciones. No te limites a pensar en las obvias, sé creativa y piensa en todas las posibles opciones que hay.

4. **Valora** todas las posibles consecuencias de cada una de estas opciones que has pensado, tanto las positivas como las negativas.

5. **Toma la decisión** con confianza en el análisis que has hecho.

Una vez hayas decidido, te recomiendo que siempre evalúes el resultado.

INTENTA APRENDER
DE TUS EXPERIENCIAS Y TOMAR
HOY MEJORES DECISIONES
QUE AYER.

Puedes empezar a aplicar estos consejos ya mismo. Solo tienes que pensar en una decisión que tengas que tomar o que hayas tenido que tomar hace poco e ir respondiendo a las preguntas que te dejo a continuación.

¿Cuál es?

....

¿Qué información tienes acerca de esa decisión?

....

....

Piensa en las posibles soluciones, anota los pros y los contras.

PROS: ....

....

CONTRAS: ....

....

¿Cuál es tu decisión final?

....

Si eres de las que les cuesta tomar decisiones (como a mí), puedes llevar contigo un diario de decisiones donde vayas apuntando todas esas decisiones que has ido tomando y los resultados que han tenido. Este diario te va a ayudar a identificar patrones e identificar qué estrategias te han funcionado mejor.

La toma de decisiones no es el único aspecto en el que tendrás que asumir responsabilidades como líder. Hemos hablado de la importancia de impulsar a tu equipo, pero como líder también tendrás la responsabilidad de asegurar que todo funcione de la mejor manera posible con el resto de personas que lo conforman. Te cuento algunas técnicas que puedes usar para influir de forma positiva en la gente que te rodea:

1. **Comunica de forma asertiva y clara**. Utiliza la empatía y trata de comprender a la persona con la que estás hablando.

2. **Escucha de forma activa.** No es lo mismo oír que escuchar, y a todos nos gusta sentir que nos escuchan cuando hablamos y que la persona tiene un interés real en lo que estamos diciendo.

3. **Haz preguntas interesantes y poderosas** que hagan pensar a la gente que tienes alrededor.

4. **Fomenta que tu entorno sea positivo** y que se reconozca el esfuerzo que hace la gente de tu alrededor, que no se critique y que la gente se sienta segura y querida.

5. **Basa tus relaciones en la confianza.** No puede haber ningún tipo de relación, ni personal ni laboral, sin confianza. Por ello es fundamental que transmitas confianza y que confíes en las personas de tu entorno. No dejes que tus traumas pasados influyan en las relaciones que tienes actualmente.

6. **Agradece todo lo bueno que te pase.** Mostrar a tu entorno que estás agradecida de tenerlos hará que crees relaciones mucho más fuertes. A todos nos gusta sentir que la gente valora nuestra compañía.

Ahora que cuentas con las herramientas adecuadas, ¿a que convertirte en una líder ya intimida un poco menos?

APRENDE A SER EMPÁTICA Y A COMUNICARTE DE LA MEJOR MANERA POSIBLE

¿Sabías que hay varios tipos de inteligencia? Hay gente muy inteligente para los estudios, pero que carece de inteligencia emocional, por poner un ejemplo: una persona exitosa debe ser emocionalmente inteligente, lo que quiere decir que debe contar con la capacidad de identificar y entender tanto sus emociones como las emociones de los demás.

Hay dos habilidades principales que te harán ser una persona emocionalmente inteligente:

1. **Empatía.** Aprende a identificar y entender lo que los demás sienten y piensan. Esta habilidad te ayudará a conectar con las personas y construir relaciones mucho más fuertes.

2. **Autoconocimiento.** Conócete a ti misma, entiende qué es lo que piensas y sientes, y cómo afecta tu entorno tanto en lo que piensas como en cómo te comportas. Cuando tú te conozcas perfectamente, te resultará mucho más fácil entender lo que piensan y sienten los demás.

Tener una buena inteligencia emocional es clave tanto en tu vida laboral como en lo personal, porque te ayudará a tener mejores relaciones con las personas. Además, cuando eres inteligente emocionalmente sabrás a quién le puedes decir el qué, en qué momento y con qué palabras.

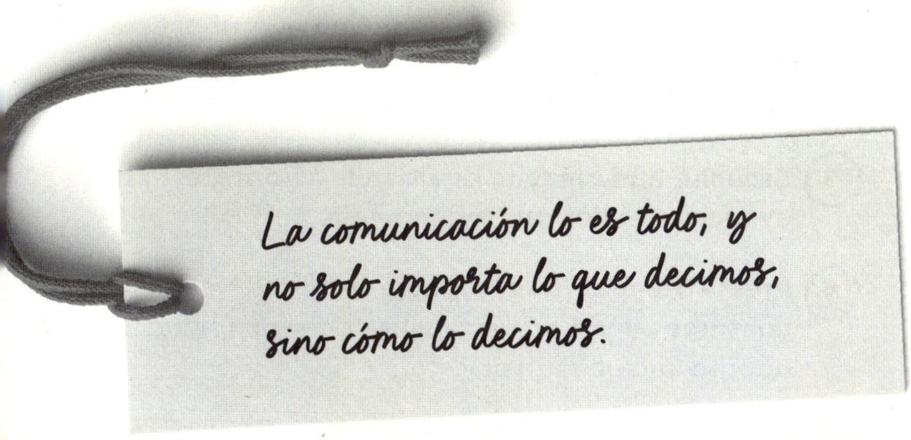

Una persona exitosa y empoderada sabe comunicar bien. La comunicación se compone de varias cosas: equilibrar la comunicación verbal y no verbal, adaptar tu forma de comunicar según el contexto en el que te encuentres y saber escuchar de forma activa.

Para que puedas comunicar bien y ser clara en tu mensaje, te dejo aquí algunos consejos:

1. **Identifica a quién te estás dirigiendo.** No es lo mismo hablar con tu madre que con una amiga o con un cliente. Usa el lenguaje apropiado dependiendo el contexto en el que te encuentres.

2. **Usa la empatía.** Intenta pensar como piensa esa otra persona y adapta tu forma de comunicar en función a su personalidad, sus intereses, preocupaciones e inquietudes.

3. **Habla de forma clara.** A nadie nos gusta que nos den veinte vueltas hasta llegar a decirnos algo, por lo que cuando vayas a comunicar piensa en cómo vas a empezar la conversación, el desarrollo de esta y cómo la vas a terminar.

4. **Utiliza frases cortas** y que vayan al grano. Esto hará que tu mensaje sea más fácil de entender y de recordar. Muchas veces, menos es más.

5. **Escucha a la persona que tienes delante**, esto te ayudará a poder responder mejor.

6. **Presta atención a tu lenguaje corporal.** Mantén el contacto visual, no gesticules de forma forzada y adopta una postura abierta.

9

ENFRENTA *las* DIFICULTADES

ACEPTA QUE EL ÉXITO NO APARECE DE LA NOCHE A LA MAÑANA NI DE MANERA ACCIDENTAL

Como ya sabes, convertirte en una mujer empoderada y exitosa es el resultado de varias cosas, entre ellas tus habilidades, tus acciones, tu actitud ante la vida, el esfuerzo que hagas y el trabajo que le pongas. Hoy en día hay más competencia que nunca, es decir, siempre va a haber miles de personas que hagan lo mismo que tú y ya no vale solo con saber la teoría ni con tener experiencia.

ES FUNDAMENTAL QUE DESARROLLES UNAS HABILIDADES QUE TE HAGAN DESTACAR.

Hay ciertas habilidades clave que debes trabajar y dominar para convertirte en una mujer empoderada y exitosa. Si realmente te quieres convertir en una mujer de éxito, vas a tener que perseverar ante las adversidades. Tendrás que aceptar que fracasarás en algunos momentos, que tendrás críticas, que habrá momentos donde quieras tirar la toalla y renunciar a tus sueños..., y la única forma de que superes todo esto y consigas lo que realmente quieres es siendo perseverante. Ahí está la verdadera diferencia entre quien consigue grandes cosas y quienes no.

Ahora que te quieres convertir en una mujer exitosa tienes que realmente comprometerte con tus sueños, no dejarte vencer por los fracasos. Tu mentalidad tiene que estar enfocada a que, si quieres que tus sueños se cumplan, vas a tener que tomar cada reto como una oportunidad de la que aprender. Consecuentemente, esto te hará crecer y estar un poquito más cerca de tu objetivo final.

Rubén y yo fundamos Agencia Crecer hace un par de años. En aquel entonces, dejamos de trabajar el negocio tras dos o tres meses porque sentíamos que «no funcionaba», solo porque no estábamos facturando las cantidades inmensas que deseábamos.

Después de dejarlo de lado un tiempo, empezamos a ver que la gente nos lo volvía a pedir, y decidimos retomar el negocio, pero esta vez poniendo todo de nuestra parte en que funcionase. Ahora, después de un año dedicándonos a ello en serio, Agencia Crecer ha crecido una barbaridad, pero por supuesto que hemos «fracasado» a veces. Hay cosas que no han funcionado, en las que hemos perdido dinero..., pero si sigues a pesar de las dificultades, lo lograrás.

GESTIONA TU AUTOEXIGENCIA Y NO TRATES DE CONTROLARLO TODO

Cuando tenemos un reto, es muy común que el ser muy perfeccionista sea una barrera que nos paralice. Aunque muchas veces el perfeccionismo puede ser considerado como una virtud, también puede convertirse en nuestro peor enemigo, ya que siempre vamos a buscar que todo esté perfecto y podemos bloquearnos si no es el caso.

ES MEJOR HECHO QUE PERFECTO.

Las personas perfeccionistas tendemos a querer que todo esté perfecto y no nos sentimos satisfechas si consideramos que nuestro trabajo no lo es. Pero lo cierto es que todos los grandes empresarios han sacado productos imperfectos al mercado, que con el tiempo han ido mejorando. Pero cuando pones un producto o servicio en el mercado, aunque no sea el perfecto, sacas muchos aprendizajes que podrás aplicar a proyectos futuros o a versiones mejoradas del inicial.

Aceptar que parte del camino hacia conseguir el éxito es no hacer las cosas perfectas te ayudará a quitarte presión. Permitirá que puedas apreciar cada pequeño logro que vas consiguiendo y que te acerca a tu meta final, y aceptar que vas a cometer errores en el camino de los cuales tendrás que aprender.

Así que, en los momentos complicados, recuerda: eres perfectamente imperfecta, y este es tu mayor éxito.

Y esto que te estoy diciendo no se aplica solo a tus proyectos empresariales. Es algo que debes asumir en todos los aspectos de tu vida, porque te beneficiará enormemente. ¡Acepta que no puedes controlar todo lo que te pasa en la vida! Un día tendrás un viaje organizado y justo cuando vayas a salir, verás que el coche no funciona o tu pareja se pondrá enferma. ¿Lo podías controlar? No, no puedes controlar todo. En la vida ocurren situaciones que no teníamos previstas y nos tenemos que adaptar.

Una persona con una mentalidad exitosa no trata de controlar cosas que no están bajo su control, sino que se enfoca en sacar el máximo provecho de las cosas que sí que lo están.

Aquí te dejo un ejercicio para que identifiques esas áreas donde eres más autoexigente.

Primero de todo, identifica esas frases o pensamientos que te dices a ti misma cuando no cumples tus propias expectativas. Por ejemplo: «Esto podría estar mucho mejor».

....

....

....

Ahora que sabes cuáles son esos pensamientos que usas para castigarte, imagínate que esa misma frase te la dijera una amiga o tu pareja. ¿Qué palabras usaría esa otra persona? Un ejemplo sería: «Lo estás haciendo lo mejor que puedes y eres capaz de conseguir todo lo que te propongas».

....

....

....

Ya sabes qué te diría un ser querido a todas tus autoexigencias, ahora es momento de que cambies tus estándares a unos que sean más amables contigo misma. Por ejemplo: «Si cometo un error, no pasa nada, nadie nace sabiéndolo todo».

....

....

....

NO MIDAS TU ÉXITO
POR TU AUTOEXIGENCIA
CONSTANTE,
SINO POR TODO LO
QUE APRENDES
Y DISFRUTAS EN EL CAMINO.

SÉ RESILIENTE SIEMPRE

La mayor parte de la gente quiere conseguir cosas grandes en un tiempo que no es realista. Y oye, hay casos que se salen de lo normal; puedes tener suerte, que te ilumine la virgen y consigas montar un negocio exitoso en un mes o sacar miles de euros de una inversión, pero lamento decirte que esto no suele ocurrir, así que no cuentes con ello.

El camino hacia el éxito es largo y tendrás que ser perseverante. Esto significa ni más ni menos que tendrás que ser capaz de esforzarte y mantenerte firme en tu propósito durante todo el camino, pase lo que pase, aunque haya contratiempos, adversidades y obstáculos que saltar.

LLEGAR A CONVERTIRTE EN UNA MUJER EMPODERADA Y EXITOSA TE VA A LLEVAR TIEMPO Y VAS A NECESITAR SUPERAR MUCHAS ADVERSIDADES.

Para que seas consciente de cómo de preparada estás en este sentido, te dejo a continuación una lista con algunas de las cualidades que debe tener una persona resiliente. Tacha cuáles ya tienes y cuáles tienes que mejorar o aprender:

CUALIDADES	YA LA TENGO	LA TENGO QUE MEJORAR	LA TENGO QUE APRENDER
Autonomía			
Afrontar las cosas de forma positiva			
Autoconocimiento			
Autoestima			
Flexibilidad			
Perseverancia			
Tolerancia a la frustración			
Empatía			
Optimismo			
Aprender de los errores			

HAZTE AMIGA DE LO DESCONOCIDO

Otra cosa que debes hacer para adaptarte bien a las situaciones nuevas que surgirán en tu recorrido hacia el éxito es aceptar la incertidumbre. Tienes que estar cómoda con nuevas situaciones, con lo desconocido. No lo veas como una amenaza, porque como ya hemos visto las mejores cosas siempre están fuera de tu zona de confort.

Ser flexible en la vida es necesario. Cuanto antes aceptes que no todo va a ser como tú quieres, más feliz vas a ser. La gente cambia, las situaciones cambian, la tecnología cambia..., ¡todo cambia! Y tú también vas a tener que cambiar. Por mucho que quieras que algo sea de una forma, habrá momentos donde las cosas no serán como esperabas y deberás adaptarte a la situación.

Así es como puedes conseguir ser flexible:

1. Acepta que los cambios son parte del proceso. Si quieres tener éxito, vas a tener que cambiar miles de veces. En vez de ver los cambios como amenazas, míralos como oportunidades para crecer y mejorar.

2. Acepta que todo lo que te pasa es por algo y mantén una actitud positiva. De todo en la vida se pueden sacar cosas buenas, hasta de las desgracias.

3. Acepta salir de tu zona de confort. Proponte tomar riesgos (controlados) y desafíate constantemente.

Pero, sobre todo...

ACEPTA QUE EN LA VIDA
VAS A TENER QUE SER FLEXIBLE
Y ADAPTARTE A LO QUE VENGA.

ATRÉVETE A HACER COSAS QUE TE DEN MIEDO

En lo que va de libro hemos hablado ya varias veces de la importancia de salir de nuestra zona de confort. Muchas veces esto nos da miedo, lo cual es comprensible, pero es sumamente importante que te atrevas a lanzarte. Prueba nuevas cosas, nuevas ideas, nuevas habilidades, nuevos enfoques... y sé consciente de que no todo va a salir bien, de hecho, seguramente muchas cosas que pruebes saldrán mal, pero estas te ayudarán a seguir creciendo.

SI NO INTENTAS COSAS NUEVAS, NUNCA TENDRÁS RESULTADOS NUEVOS Y NO AVANZARÁS.

Cuando estaba en el colegio mis padres me propusieron ir a estudiar a Rumanía con mi padre, para así poder estudiar medicina. En su momento era algo que me daba mucho miedo, llevaba toda mi vida en el mismo colegio, con los mismos amigos, profesores y demás, e irme a un país donde no hablaba ni el idioma me daba pavor.

Ahora lo enfocaría de otra forma: me centraría en las habilidades que sé que tengo y que me podrían haber ayudado a enfrentar esta situación. Por ejemplo, hablo muy bien el inglés y con eso me habría entendido con la gente de allí, y tengo don de gentes, por lo que rápidamente habría hecho nuevos amigos. También me habría esforzado al máximo en aprender rumano ese verano antes de empezar el curso escolar, para así poder comunicarme mejor no solo con la gente del colegio, sino con los locales.

Ahora te toca a ti: me gustaría que ahora reflexiones sobre aquellas cosas que por miedo has dejado de hacer, haz una lista de ellas y dales una vuelta a cómo las afrontamos con audacia.

1. ....

2. ....

3. ....

4. ....

5. ....

6. ....

7. ....

8. ....

RELATIVIZA TUS PROBLEMAS Y NO LOS HAGAS MÁS GRANDES DE LO QUE SON REALMENTE

A estas alturas ya sabemos que, nos guste o no, algunos obstáculos van a ser inevitables y tendremos que enfrentarnos a ellos o sortearlos de la mejor manera. Ahora bien, tú puedes afrontarlos de muchas formas diferentes y gran parte de tu éxito dependerá de que lo hagas con la mentalidad adecuada.

Por eso, mi consejo es el siguiente: reformula tus problemas. Muchas veces cuando nos encontramos con un problema pensamos que es mucho más grave de lo que realmente es. Esto hace que empecemos a tener pensamientos intrusivos y pesimistas, y nos imaginemos todas las catástrofes posibles. Pero la realidad es que, prácticamente en el cien por cien de las ocasiones, estos escenarios catastróficos que hemos creado en nuestra mente no llegarán a suceder. Nuestro cerebro es el mejor guionista cinematográfico de catástrofes que te puedas imaginar.

Aquí te dejo una lista de preguntas que te pueden ayudar a relativizar los problemas:

- ¿Dentro de un año este problema será importante? ¿Y dentro de diez?
- Si otra persona tuviera este problema, ¿cómo lo vería?
- ¿A qué parte de mi vida afecta este problema?
- ¿Este problema me va a afectar para siempre o solo de forma temporal?
- ¿Puedo controlar este problema que tengo?
- ¿Es realmente tan grave como mi cabeza quiere pintarlo o lo estoy exagerando?
- ¿Puedo aprender algo de esta situación que se me está planteando?
- ¿Alguien más ha pasado por la misma situación sin morirse?
- ¿Qué cosas buenas tengo en mi vida a las cuales esta situación no les afecta?

Verás que, después de hacerte todas estas preguntas, de repente el problema pasa a ser tan solo una situación que resolver o puede que ni eso.

Ahora quiero que te imagines tu problema desde otra perspectiva y, en vez de pensar en todas las posibles catástrofes, pongas tu cabeza a pensar en todas las posibles soluciones a ese problema.

¿Cómo podrías resolver el problema?

....

....

....

O, mejor aún, ¿qué puedes hacer para que ese problema no se produzca?

....

....

....

RESULTA MUCHO MÁS EFICIENTE PENSAR EN SOLUCIONES QUE EN TODAS LAS CATÁSTROFES QUE, SEGURAMENTE, JAMÁS SUCEDERÁN.

INTERCEPTA Y RESUELVE LAS DIFICULTADES ANTES DE QUE CREZCAN

Mencionamos en el ejercicio anterior que si hay algo mejor que solucionar un problema, es evitar que aparezca. Y sí, sé que esto no es siempre tan fácil. Pero incluso si no podemos detectar los problemas antes de que surjan, sí podemos actuar rápidamente para frenarlos antes de que se vuelvan demasiado grandes para controlarlos.

Pero ¿cómo se hace esto?

Pues el primer paso es identificar esos conflictos que están aflorando. Muchas veces lo que acaba siendo un problemón sin solución empieza por un pequeño conflicto que no eres capaz de identificar o expresar y que, por tanto, se enquista. El problemón aparece cuando se van sumando varios de estos problemas enquistados. Aquí es cuando ocurre la famosa frase de «fue la gota que colmó el vaso».

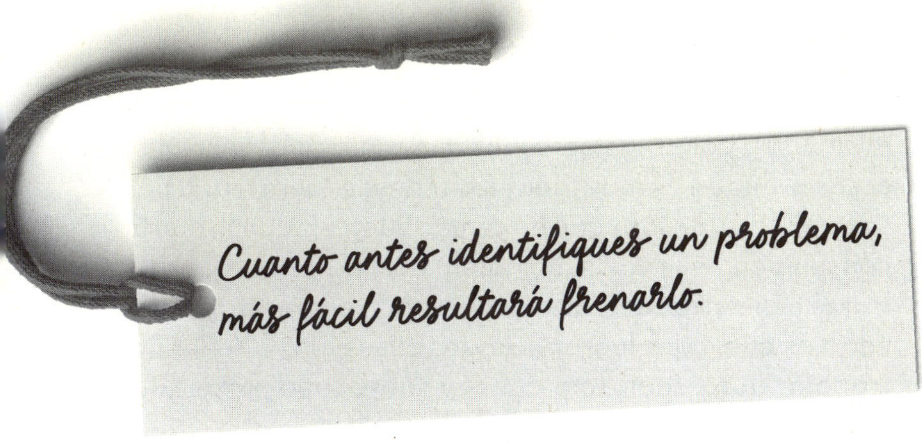

Cuando hayas identificado un posible conflicto, gestiónalo, no lo dejes pasar. Habla con la persona, identifica qué es lo que ha generado esa molestia. Aborda el tema desde la calma, pero de forma clara para que se te entienda bien. Busca puntos de encuentro, utiliza la empatía y reflexiona sobre lo que ha pasado para que no vuelva a pasar.

Como consejo: una cosa que funciona muy bien en la gestión de conflictos es utilizar el «yo» en vez del «tú». Habla sobre lo que a ti te ha molestado, cómo te has sentido tú, en vez de tratar de recriminar a la otra parte, porque si no harás que se sienta atacada y se ponga a la defensiva.

Por último, trabaja activamente en evitar conflictos futuros. Si tú expresas bien lo que esperas de esa relación (del tipo que sea), estableces unos límites y expresas cuando algo no te gusta, esto ayudará a que la otra persona te conozca mejor y, por tanto, resulte más sencillo evitar situaciones complicadas o problemáticas.

NO TE DEJES HUNDIR POR CRÍTICAS O COMPARACIONES

Conseguir cosas grandes en la vida no es fácil, por eso mismo son pocas las personas que realmente consiguen cosas grandes. Es muy fácil juzgar desde fuera a una persona exitosa, asumir que ha tenido suerte o que lo que ha conseguido es gracias a alguien, porque no vemos todo lo que hay detrás del éxito que está teniendo. Pero la realidad es que, para lograr grandes cosas, vas a tener que trabajar duro, sacrificar cosas y sobre todo persistir en tus sueños.

Además, no podemos juzgar a todo el mundo con la misma vara de medir. Ya hemos visto que cada persona tiene un concepto diferente de éxito, así que puede que veamos a una persona y creamos que es muy exitosa, o que pensemos justo lo contrario, y nuestra visión no tiene que encajar con la visión que esa persona tiene de sí misma.

Lo mismo va a pasar contigo. Habrá quien te juzgue, quien te diga que no lo estás haciendo bien o quien cuestione tus sueños. O también puede ser que nadie te diga nada y que seas tú misma quien cree esa imagen distorsionada al compararte con otras personas que crees que lo están haciendo mejor que tú. Es normal que en algunos momentos sientas cierta frustración o creas que vas a decepcionar si no alcanzas todos tus objetivos. Pero en ningún caso puedes dejar que las opiniones ajenas te hagan tambalearte.

> **LA ÚNICA PERSONA A LA QUE TIENES QUE SATISFACER E IMPRESIONAR ERES TÚ MISMA.**

Si alguna vez te han criticado por tu manera de hacer las cosas, seguro que has sentido que eso te desanimaba o alteraba tu propia visión de la situación. Pero muchas de esas críticas carecerían de fundamento o no serían válidas si se tiene en cuenta tu visión del éxito.

Haz una pequeña lista de esas cosas que te han cuestionado y anota también por qué no deberían importarte.

Por ejemplo: me han dicho «esta otra empresa hace el mismo trabajo que tú y le va mucho mejor», pero no me importa porque el punto de partida de ambas empresas fue distinto y yo estoy cumpliendo los objetivos que me propuse en mi camino. El éxito de los demás no implica mi fracaso.

1. ....

2. ....

3. ....

4. ....

5. ....

6. ....

IMPORTA MÁS TU ACTITUD FRENTE A LOS PROBLEMAS QUE LOS PROBLEMAS EN SÍ MISMOS

Con todo lo que hemos visto, imagino que ya te habrás dado cuenta de que tener una buena mentalidad es clave. Tus creencias, pensamientos, comportamientos y hábitos son los que te acercan o te alejan de conseguir tus objetivos. Cuando trabajas tu mentalidad y te enfocas en crecer personalmente, el éxito es inevitable.

Tener una mentalidad positiva no significa que tengas que ser feliz todo el tiempo. ¡Nadie puede serlo! La felicidad es una emoción, por lo que solo podemos controlarla hasta cierto punto, y habrá momentos donde las cosas no vayan bien o no salgan como tú esperes. Aquí, cuando falte la felicidad, es donde tendrás que sacar a relucir tu positividad. Y sí, se aplica hasta a las peores situaciones. Si eres optimista y sabes sacar lo positivo hasta de lo negativo, va a ser mucho más fácil que llegues a tener éxito.

Además, te digo una cosa: a todos nos gusta juntarnos con gente que sonríe y ve el lado positivo, esas personas a las que llamamos «personas vitamina». Así que da el paso de ser tú esa persona vitamina que todo el mundo quiere tener al lado.

NO ES LO QUE TE PASA, SINO CÓMO REACCIONAS A ESO QUE TE HA PASADO.

Has tenido la oportunidad de conocer tus puntos fuertes y todas las oportunidades que tienes. Aprovéchalo y saca el máximo partido de lo que ya tienes a tu disposición. También sabes cuáles son esas habilidades que te han llevado a lograr cosas en la vida, ahora solo te queda confiar más en ti misma. Probablemente aún no lo sepas, pero ya has tenido éxito en la vida. Aunque no te hayas comprado un Ferrari o seas multimillonaria, ya eres exitosa por haber logrado superar cada uno de esos obstáculos que se te han presentado. Ya has conseguido cosas que en algún momento pensaste que eran imposibles.

¿Si fuiste capaz de hacerlo una vez, porque no vas a ser capaz de hacerlo una segunda? Confía en que tienes las habilidades necesarias para tomar las mejores decisiones y hacer frente a los desafíos que se te pongan en el camino.

10

MANTÉN SIEMPRE *el* EQUILIBRIO

IDENTIFICA TODAS LAS ÁREAS DE TU VIDA QUE SON IMPORTANTES PARA TI

El dinero no lo es todo en la vida. Puedes ser la persona más rica del mundo y no ser feliz, porque tal vez estés muy bien profesionalmente, pero emocionalmente no. El verdadero éxito consiste en tener todas las áreas de tu vida en equilibrio. Para esto Paul J. Meyer inventó una rueda de la vida dividida en varias áreas, donde podemos ver en cuáles estamos bien y cuáles debemos mejorar.

Y estarás pensando: ¿cuáles son estas áreas y a qué se refiere cada una? Pues aquí te lo explico.

→ **Dinero:** engloba qué recursos financieros tienes y cómo los manejas. Aquí debes tener en cuenta aspectos como los siguientes:

- Cuánto ganas con tu trabajo, negocio o inversiones.
- Cómo gestionas el dinero que tienes, si gastas mucho o poco y cuánto ahorras.
- Si tienes ahorros o inviertes dinero en algo que te genere ingresos adicionales.
- Qué deudas, préstamos, tarjetas de crédito o hipotecas tienes, además de cómo los gestionas.
- Si sientes que eres estable económicamente.

→ **Salud:** representa tanto tu bienestar físico como el mental. Esto engloba cosas como:

- Si haces deporte.
- Si comes de forma equilibrada y saludable.
- Cómo de saludable está tu cuerpo, si padeces de alguna enfermedad o no.
- Cómo está tu bienestar mental, si tienes ansiedad, depresión u otras enfermedades psicológicas.
- Cómo manejas tus emociones.

→ **Ocio:** se refiere a todo aquello que haces por ti misma, ya sea para relajarte, para pasarlo bien o para desconectar de tus responsabilidades. Es fundamental que tengas momentos de ocio para disfrutar de ti misma y de la gente a la que quieres.

→ **Amor:** es una de esas áreas fundamentales de nuestra vida, tengamos o no pareja, porque va a condicionar, y mucho, el resto de las áreas de tu vida. Aquí se incluye:

- Si tienes pareja, cómo es tu relación con ella. Si os respetáis, cómo os comunicáis, la confianza que tenéis el uno en el otro y cómo os apoyáis a nivel emocional.
- Si no tienes pareja, cómo te sientes siendo soltera y cómo de importante es para ti buscar una pareja.
- El amor que te tienes a ti misma. Si te tratas bien o mal, si te cuidas o no...

→ **Desarrollo personal:** hace referencia al crecimiento constante en todas las áreas de tu vida, a que busques desarrollar al máximo tu potencial y ser cada día mejor persona. El desarrollo personal abarca todo lo siguiente:

- Cuánto te conoces a ti misma. ¿Sabes en qué áreas eres más fuerte y en cuáles debes mejorar?
- Si estás constantemente buscando mejorar tus habilidades o conocimientos.
- Cómo gestionas tus emociones y cómo te relacionas con los demás.
- Si buscas cumplir con todas las metas que te propones.

- Si das importancia a tu crecimiento espiritual. Aunque puede sonar muy místico, la espiritualidad es importante, y es algo que cada una vivimos de una forma única. Creas en lo que creas, encuentra las cosas que te hacen conectar con algo más grande, como puede ser meditar o el yoga.

→ **Hogar:** es ese «lugar seguro», tu entorno más cercano tanto físicamente como emocionalmente. Se refiere al lugar en el que vives y también a la energía que hay allí. Físicamente se refiere a la comodidad y funcionalidad de tu casa. Emocionalmente se refiere a cómo te sientes en tu lugar seguro, si estás relajada, segura y en paz.

→ **Amigos y familia:** abarca tanto tus relaciones sociales como las familiares. Aquí lo que evaluamos son las conexiones que tienes con tu entorno más cercano:

- Cómo te llevas con tu familia, si son un apoyo para ti o no y cada cuánto os veis.
- Cómo son tus amistades, cuánto te apoyan, si quedas mucho con ellos o no, y si son ambientes que te empoderan o no.
- Si sabes distribuir tu tiempo bien entre amigos y familia.
- Si estas relaciones que tienes con amigos y familiares son saludables o no.

→ **Trabajo:** pasamos muchas horas de nuestra vida trabajando, y por eso es tan importante que tu vida profesional esté en equilibrio. Estos son algunos aspectos de tu vida laboral:

- Cómo de satisfecha estás con tu trabajo.
- Si sientes que tu trabajo te permite crecer laboralmente.
- Cómo son tus relaciones con tus compañeros de trabajo.
- Si tu trabajo está alineado con tu propósito de vida.
- Cómo de equilibrada está tu vida laboral con la personal.

PIENSA EN CUÁNTO TIEMPO DEDICAS A CADA COSA

Identificar en qué punto te encuentras en cada una de estas áreas te ayudará a identificar cuáles son las más importantes para ti. Así podrás ver en qué áreas debes mejorar, es decir, actuar para convertirte en la persona que quieres ser. Además, te hará tomar conciencia de dónde estás en tu vida y cómo de satisfecha estás en general. Lo bueno de esta rueda es que no solo engloba lo laboral, sino todas las áreas de tu vida, para que así vivas una vida equilibrada donde todas las áreas estén bien y puedas ser plenamente feliz.

NO SE TRATA DE TENER MUCHO DE ALGO Y POCO DE LO OTRO, SINO DE TENER LO SUFICIENTE DE CADA COSA PARA PODER SER FELIZ.

Yo descubrí esta rueda hace un año y me cambió la vida. Me encontraba en un punto donde muchas de ellas cojeaban y, como yo no era consciente de ello, era imposible que pudiese mejorarlas. Así era mi rueda de la vida hace un año:

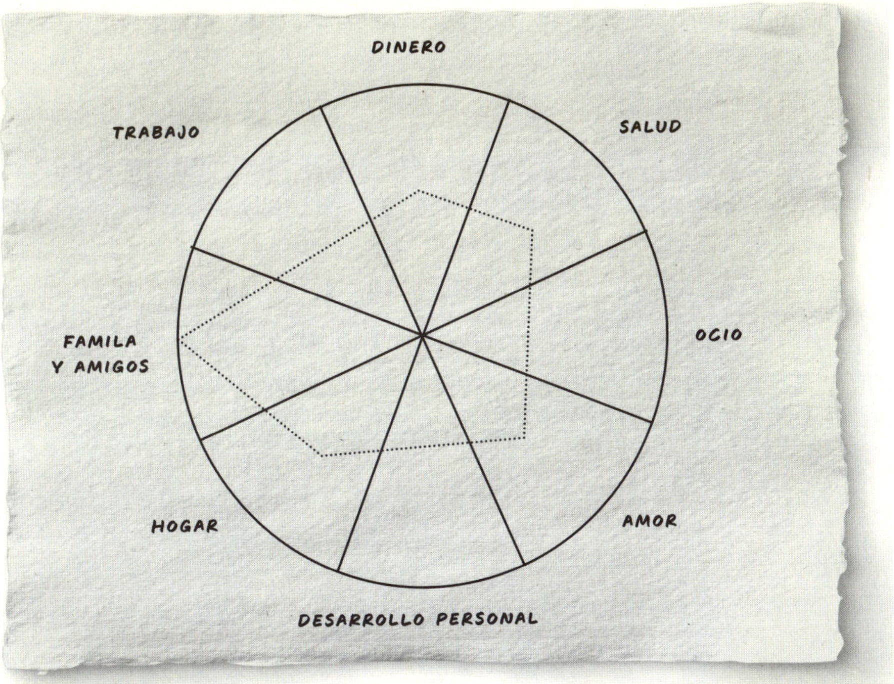

Como puedes ver, mi vida estaba muy desequilibrada. Económicamente estaba pasando por un mal momento y en el trabajo estaba muy estresada, porque no terminábamos de arrancar con el negocio.

¿La consecuencia? Mis áreas del amor y de la salud se vieron resentidas, porque, aunque entre Rubén y yo siempre ha primado el amor que nos tenemos, cuando no estás bien económicamente esto acaba perjudicando al hogar y a tus relaciones. Cuando identifiqué las dos áreas donde debía trabajar (el trabajo y el dinero) me puse en marcha y, en consecuencia, todas las áreas de mi vida mejoraron.

Mi nivel de ansiedad se redujo drásticamente, mejorando mi salud y mis relaciones, no solo con Rubén sino también con mi entorno más cercano, y ayudó a que todo se equilibrase. Hoy en día, esta sería mi rueda de la vida:

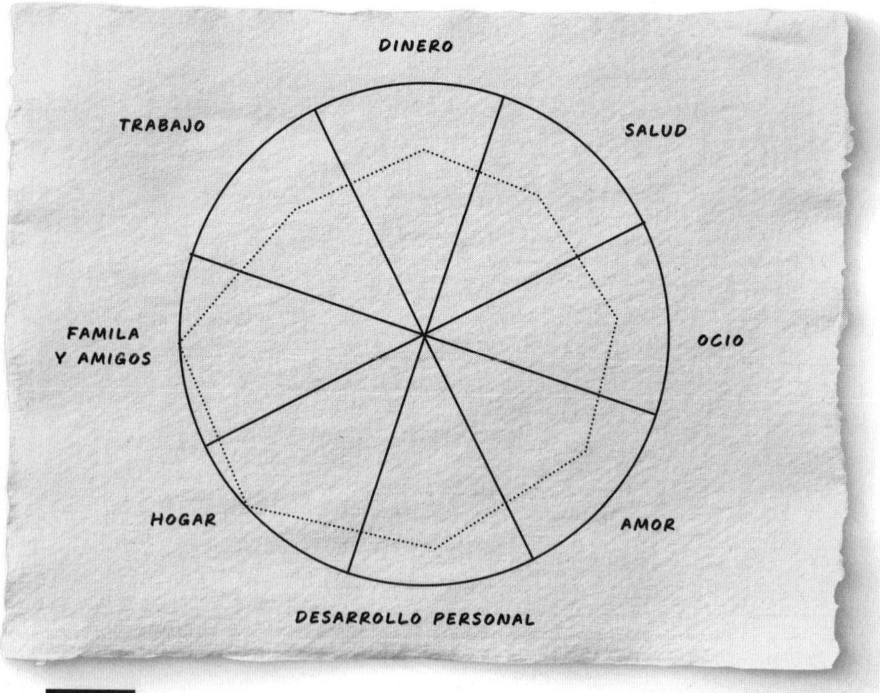

¿Ves la diferencia? Aunque no todo esté en un diez, puedes ver cómo ahora mi vida está mucho más equilibrada. Siempre habrá cosas que se puedan mejorar, pero ahora soy mucho más feliz, porque todo tiene mejor sintonía que antes.

Ahora te toca a ti, evalúa cada área de tu vida puntuándola del uno al diez. El uno sería que no estás nada satisfecha con esta área actualmente. El diez, que estás muy satisfecha.

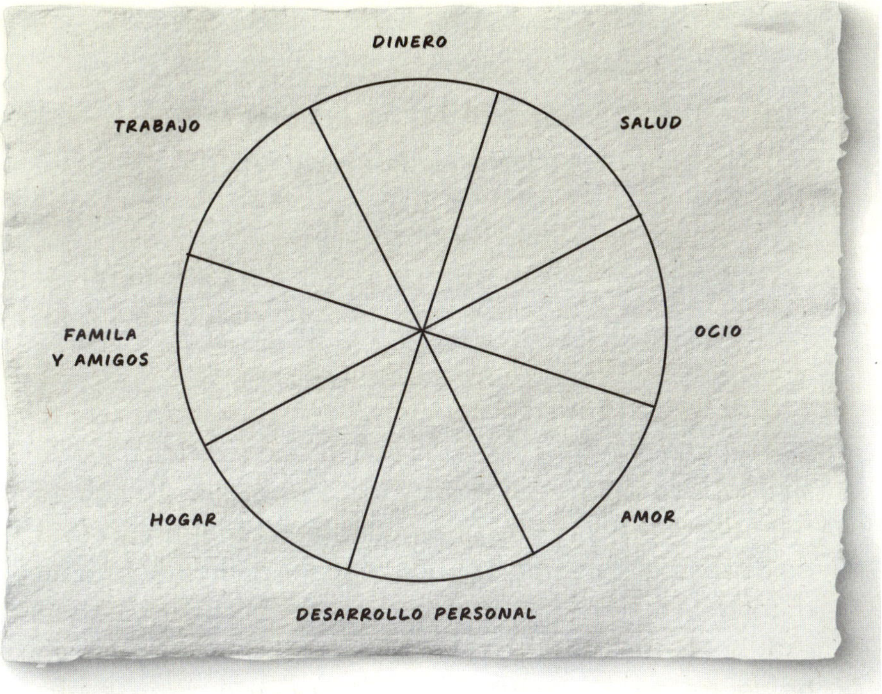

PLANTÉATE A QUÉ ESTÁS DISPUESTA A RENUNCIAR

Para convertirte en una mujer exitosa, vas a tener que hacer sacrificios. Estos pueden ser muy variados y dependen mucho de lo que quieras conseguir. Pueden ser vivir bajo presión, trabajar muchas horas, irte a vivir lejos de tus seres queridos, no poder salir con tus colegas el fin de semana... Así que, antes o después, te va a tocar hacerte una pregunta importante:

¿A QUÉ ESTÁS DISPUESTA A RENUNCIAR PARA CUMPLIR TUS SUEÑOS?

En mi caso, para lograr muchos de mis éxitos he tenido que renunciar a salir de fiesta con mis amigas los fines de semana, a desconectar en vacaciones porque mi negocio requiere que siempre esté pendiente, a tener un horario de ocho horas y trabajar hasta las dos de la mañana en muchas ocasiones... entre otras muchas cosas. ¿Quiere esto decir que tú vas a tener que hacer lo mismo que yo he hecho? No. Tú tendrás que renunciar a otras cosas, porque la situación de cada persona es única, pero tendrás que tomar decisiones que te incomodan y perderte cosas que te apetecen.

Personalmente, yo he tenido que ser muy perseverante. Llevo años emprendiendo, trabajando día tras día para convertirme en mejor persona y profesional, sacrificando muchas cosas para conseguir mis sueños. He cometido muchos errores en mi carrera profesional, ha habido momentos muy duros económica y personalmente en los que he tenido ganas de tirar la toalla. En ocasiones he llegado a pensar: «¿y si vuelvo a trabajar para una empresa como asalariada y no me complico la vida?». Lo que ha hecho que no renuncie ha sido que estaba realmente comprometida con mi sueño y, por mucho que me he encontrado piedras en el camino, no he querido parar porque sé que lo voy a conseguir. Esa es la mentalidad que debes tener si quieres conseguir cosas grandes.

Para poder tener más claro cuáles son esas cosas a las que estás dispuesta a renunciar, te propongo que hagas lo siguiente:

1. **¿Cuáles son tus prioridades?**
   Prioridades principales (por ejemplo, familia o trabajo):

   ....

   Prioridades secundarias (por ejemplo, quedar con amigos y redes sociales):

   ....

2. **¿Qué cosas haces en tu día a día que te quitan tiempo y no te dan nada de valor?**
   Un ejemplo puede ser tirarse horas viendo redes sociales.

   ....

3. **¿Qué costumbres puedes cambiar para volverte más eficiente?**
   Por ejemplo, poner un límite de tiempo a las redes sociales.

   ....

4. **¿Qué podrías hacer con ese tiempo que ahora te va a sobrar?**
   Pueden ser cosas como buscar nuevos clientes, aprender alguna nueva habilidad...

   ....

Completa la siguiente frase:

Estoy dispuesta a renunciar a _ _ _ _ _ _ _ _ _ _ _ _
porque mi objetivo es conseguir _ _ _ _ _ _ _ _ _ _ _ y
con este tiempo voy a _ _ _ _ _ _ _ _ _ _.

CUÍDATE EN TU DÍA A DÍA

No quiero que pienses que el camino hacia el éxito consiste en exigirte a ti misma dar siempre más y más, sin parar en ningún momento. Está genial ser muy productiva, pero igual de importante es saber cuándo parar y tomarte un tiempo de descanso.

DESCANSAR ES IMPRESCINDIBLE PARA HACER LAS COSAS BIEN Y NO ACABAR AGOTADA MENTAL Y FÍSICAMENTE.

¿Recuerdas cuando te enseñé cómo planificaba mis tareas a lo largo de un día? Si te fijas, verás que no solo pongo las cosas de trabajo, también busco tener momentos de desconexión para entrenar, leer, de ocio o para descansar. Hay muchos métodos para administrar estos espacios de ocio, aunque el que más te recomiendo es que simplemente escuches a tu cuerpo. Tú sabes cuándo trabajas mejor, cuándo necesitas un descanso y cuándo estás tan inspirada que merece la pena dedicarle a algo media hora más, aunque eso suponga quitarte de tiempo de ocio.

Personalmente, una técnica que me funciona muy bien para desconectar y cuidar mi salud mental es la meditación. Aunque al principio era un poco reticente, un día dije: «Voy a probarlo. Total, mal no me va a hacer», y ha sido de las cosas que más me ha ayudado en mi vida, tanto para desconectar como para la ansiedad. Yo siempre he sido una persona muy ansiosa y nerviosa, pienso en todas las catástrofes que pueden pasar y que jamás ocurren. Pues el meditar me ha ayudado mucho a desconectar la mente por un rato.

Más allá de mi experiencia personal, la meditación ha demostrado tener muchísimos beneficios a nivel de productividad que podrían resultar útiles. Estos son algunos de ellos:

- → Elimina pensamientos rumiantes que hacen que tu concentración disminuya.
- → Te ayuda a enfocarte más, ya que el desconectar por un rato te hace tener más energía luego.
- → Reduce la ansiedad y, por tanto, serás más productiva.
- → Te despeja la mente, aumentando tu creatividad y tu productividad.

En conclusión, sea de una forma u otra, es imprescindible que dediques cierto tiempo a desconectar (yo te recomiendo tener como mínimo un día a la semana en el que desconectes del trabajo por completo). Dedícate tiempo para desarrollar tus otros intereses, descansar y apreciar las relaciones con tu entorno, priorizando siempre los vínculos de calidad que sacarán lo mejor de ti.

Convierte una vida en equilibrio en tu nueva rutina. Cuando tu cuerpo y tu mente se acostumbren a tener tiempo para cada una de las áreas de tu vida, te será muy fácil dedicarles el tiempo necesario a todas ellas. Puedes crear una rutina donde incluyas cada día estas cosas, al igual que tienes una rutina de trabajo, y así no olvidarás la importancia de cuidarte en todos los aspectos.

Tercera parte

NO DEJES QUE TU ÉXITO DECAIGA

11

EVALÚA *las* DECISIONES *que has* TOMADO

SI ALGO NO SALE COMO TÚ QUIERES, ACEPTA LA RESPONSABILIDAD

A veces, las cosas no salen como nosotras querríamos. Seguro que a estas alturas lo tienes más que claro. Y, aunque es cierto que en ocasiones se dan situaciones que se escapan a nuestro control, muchas otras veces los malos resultados sí son consecuencia de lo que hacemos. Por eso, es imprescindible ser críticas con nosotras mismas y aceptar que podríamos haber actuado de otra manera cuando no logramos nuestros objetivos. Tienes que ser capaz de echar la vista atrás, analizar la situación y responsabilizarte.

> **DESDE QUE ERES ADULTA,
> TODO LO QUE TE PASA ES
> RESPONSABILIDAD TUYA.**

Tú eres la responsable de las decisiones que tomas y, por tanto, de cómo actúas. Si algo no sale como tú querías, responsabilízate de ello y piensa qué puedes hacer para que esto no vuelva a pasar. Tirar balones fuera y culpar a los demás no te va a solucionar nada ni a hacerte sentir mejor. Y es que, incluso cuando el resultado es consecuencia de la acción de otra persona, tienes que ser consciente de que tu relación con esa persona está en tu mano.

Por ejemplo:

- Si una pareja te pone los cuernos una y otra vez, responsabilízate. ¿Qué estás permitiendo que no deberías de permitir?
- Si una amiga te falla, responsabilízate. ¿Qué tipo de amigas estas atrayendo a tu vida y qué es lo que esperas de una amistad?
- Si tu familia no te respeta y se mete en tu vida, responsabilízate. ¿Has sabido ponerles límites?

No se trata de buscar culpables, no sirve de nada culpabilizar a nadie, lo único que sirve es buscar soluciones. Ya has aprendido trucos para gestionar problemas y encontrar los mejores remedios a cada situación. Aceptar las consecuencias y las responsabilidades de tus acciones y buscar la solución a los problemas que puedas haber provocado van siempre de la mano.

ANTE LOS BLOQUEOS, DESCANSA, PERO NO TE RINDAS

Sabemos que nada bueno llega fácil. Convertirte en una mujer empoderada y exitosa no es un camino sencillo, más bien es un camino que estará repleto de desafíos. Habrá muchas cosas que te saldrán mal, otras que te costarán más, perderás oportunidades que parecían increíbles..., pero detrás de cada uno de estos desafíos hay una oportunidad.

Cuando falles, coge más fuerza, aprende de tus errores y vuelve a intentarlo. No dejes que tus fracasos programen tu mente creándote una creencia limitante de que no puedes. Vuelve a intentarlo una y otra vez, porque cuando lo consigas, tu mente registrará que sí que eres capaz e incluso reforzará tus creencias sobre tus habilidades y fortalezas.

Grábate esto a fuego en la cabeza:

Cada error que cometas es una oportunidad para ser mejor, y cada pausa es una oportunidad de reflexión.

Y hablo de pausas porque, aunque es importante no decaer, tampoco tienes que forzarte más allá de lo que te veas capaz. Habrá momentos en los que será mejor frenar, tomar perspectiva con la situación y reconstruir las bases que te permitan avanzar. Los momentos de pausa te permitirán ver qué estás haciendo bien y qué debes mejorar, por eso te dejo una lista de aspectos sobre los que puedes reflexionar aprovechando esas épocas de menor actividad:

- Cuando tengas un pensamiento negativo, derrótalo con uno positivo. Esto te ayudará a mantener una mentalidad positiva y optimista.
- La motivación es algo pasajero, pero la disciplina hará que te mantengas enfocada en tu objetivo.
- Cuando algo no salga como esperas, no te frustres. Aprende de tus errores para así no volver a cometerlos.
- Confía en ti misma. Si tú piensas que puedes superar lo que te pongan por delante, así será. Acuérdate de tus logros del pasado y úsalos como motivación en esos momentos donde te vengas abajo.
- Apóyate en gente que te quiera en esos momentos donde dudes de ti misma. Te recordarán lo mucho que vales y lo capaz que eres de conseguir tus sueños.
- Visualiza eso que tanto quieres conseguir; te ayudará a ser perseverante.

Recuerda siempre que consigue más la perseverancia que el talento. Si no te rindes en el camino, puedes conseguir todo aquello que quieras en la vida.

ESTATE PREPARADA PARA DISEÑAR UN NUEVO PLAN DE ACCIÓN SI EL PRIMERO NO FUNCIONA

Hoy en día, gracias a la tecnología, el mundo está constantemente cambiando, por eso es fundamental tener capacidad de adaptación. Para conseguirla, en primer lugar, es fundamental que aceptes que el cambio ya es una parte inevitable en la vida. Muchas veces nos queremos resistir a los cambios: cambio de empleo, cambio de pareja, cambio de entorno..., pero en la mayoría de las ocasiones, tendremos que hacer cambios para poder avanzar. En vez de resistirte a cambiar, piensa que, cuando cambias, esto te abre un gran abanico de oportunidades, tanto de aprendizaje como de crecimiento.

Crear un mapa de la vida puede ayudarte en momentos de cambios. A veces, cuando nuestras circunstancias dejan de ser las que eran, acabamos por modificar también nuestros objetivos sin darnos cuenta. Hacerte ciertas preguntas te ayudará a definir el mejor trayecto para llegar a ese objetivo final.

Por eso, cuando tengas que ajustar tu contexto, lo ideal es que te replantees también las preguntas que te dejo en la lista siguiente. Muchas seguirán teniendo la misma respuesta, pero puede que otras no, e identificar esos cambios hará que seas capaz de ver en qué medida tienes que replantear el plan que habías creado anteriormente.

→ **Tu trabajo:** ¿Dónde te gustaría estar trabajando? ¿En qué te gustaría trabajar? ¿Cuántas horas te gustaría trabajar?

....

....

→ **Tus relaciones:** ¿A quién te gustaría tener a tu alrededor? ¿Te gustaría estar soltera o en pareja? ¿Tener familia o no? ¿Cuánto te gustaría quedar con tus amigos? ¿Y con tu familia?

....

....

→ **Tu casa:** ¿Cómo quieres que sea tu casa? ¿Te gustaría vivir en un piso, chalet, mansión? ¿Dónde te gustaría que se encuentre tu casa? ¿Qué comodidades te gustaría tener en tu casa? ¿Cómo te gustaría que esté decorada?

....

....

→ **Tu estilo de vida:** ¿Cómo te gustaría que fuese tu día a día? ¿A qué hora te gustaría despertarte y acostarte? ¿Qué actividades de ocio te gustaría poder hacer? ¿A dónde te gustaría poder viajar, cada cuanto y con quién?

....

....

→ **Tu salud:** ¿Qué hábitos te gustaría tener? ¿Te gustaría hacer deporte? ¿Cómo te imaginas tu alimentación? ¿Cómo te gustaría que fuese tu salud?

....

....

→ **Tu dinero:** ¿Cuánto dinero te gustaría ganar? ¿Cuántas inversiones te gustaría tener y en qué? ¿Cuántos ahorros te gustaría tener?

....

....

→ **Tu desarrollo personal:** ¿Cómo de desarrollada personalmente te gustaría estar? ¿Cuánto dinero y tiempo quieres invertir en ello?

....

....

Estas preguntas deben servirte como guía, son una herramienta que está a tu servicio y no al revés. Aprende a abrazar el cambio y a ver tus nuevas perspectivas como oportunidades de crecimiento. No te cierres a descubrir nuevos caminos solo por aferrarte a algo que querías en el pasado y que, tal vez, no te beneficie en el presente.

NO TE CONFÍES CUANDO HAYAS TRIUNFADO Y MANTÉN TU ÉXITO

Un error habitual es creer que lograr un objetivo significa que se terminó el esfuerzo. Lo cierto es que mantener el éxito puede ser una tarea tan exigente como conseguirlo, por eso te animo a que celebres tus victorias sin perder de vista tus responsabilidades. Al fin y al cabo, una victoria no es más que el inicio de un nuevo camino.

Busca tu siguiente objetivo Y APUNTA *cada vez más alto.*

Para mantener el buen ritmo, crea una rutina que te acerque a tus objetivos y que te empodere. Acuérdate de añadir todas esas tareas necesarias de las que hemos hablado, como el ocio o el descanso. Te pongo un ejemplo de una rutina que a mí me sirve de mucho entre semana: nada más me levanto, me gusta meditar quince minutos y leer otros quince. Esto me hace empezar bien el día con más energía y más enfocada.

Seguro que, a estas alturas, tú habrás encontrado también esas pequeñas cosas que te hacen trabajar bien. No te confíes y creas que ya no las necesitas: sigue aplicándolas. Con estas rutinas ya establecidas y tu productividad aprovechada al máximo, te recomiendo que pienses en esas cosas que quieres seguir obteniendo a largo plazo y que, para evitar desviarte, te crees una línea del tiempo.

¿En qué consiste esto? Pues en visualizar tu recorrido a mayor a escala para dejar de hablar de éxito, en singular, y pasar a hablar de éxitos en plural. Coge el calendario y establece fechas máximas para cada una de las cosas que quieres conseguir.

Por ejemplo: yo el 1 de mayo de 2025 quiero que la agencia haga uno de sus lanzamientos, el 1 de julio de 2025 quiero que se haya facturado más de medio millón de euros en el año 2025 y que el 1 de septiembre se haga el siguiente lanzamiento.

Ahora te toca a ti. Apunta cada fecha importante en el calendario para que no se te pase y lo cumplas 100%. Así conseguirás que cada uno de tus objetivos sea un paso más dentro de un éxito más grande.

Enero 20__

LUNES	MARTES	MIÉRCOLES	JUEVES	VIERNES	SÁBADO	DOMINGO

Febrero 20__

LUNES	MARTES	MIÉRCOLES	JUEVES	VIERNES	SÁBADO	DOMINGO

Marzo 20__

LUNES	MARTES	MIÉRCOLES	JUEVES	VIERNES	SÁBADO	DOMINGO

Abril 20__

LUNES	MARTES	MIÉRCOLES	JUEVES	VIERNES	SÁBADO	DOMINGO

Mayo 20__

LUNES	MARTES	MIÉRCOLES	JUEVES	VIERNES	SÁBADO	DOMINGO

Junio 20__

LUNES	MARTES	MIÉRCOLES	JUEVES	VIERNES	SÁBADO	DOMINGO

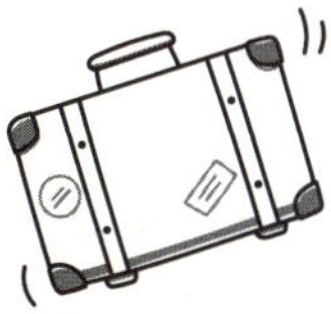

Julio 20__

LUNES	MARTES	MIÉRCOLES	JUEVES	VIERNES	SÁBADO	DOMINGO

Agosto 20__

LUNES	MARTES	MIÉRCOLES	JUEVES	VIERNES	SÁBADO	DOMINGO

Septiembre 20__

LUNES	MARTES	MIÉRCOLES	JUEVES	VIERNES	SÁBADO	DOMINGO

Octubre 20__

LUNES	MARTES	MIÉRCOLES	JUEVES	VIERNES	SÁBADO	DOMINGO

Noviembre 20__

LUNES	MARTES	MIÉRCOLES	JUEVES	VIERNES	SÁBADO	DOMINGO

Diciembre 20__

LUNES	MARTES	MIÉRCOLES	JUEVES	VIERNES	SÁBADO	DOMINGO

Con estos pasos, tienes el plan de acción perfecto para conseguir todo lo que te propongas, dividiendo tus sueños más grandes en pequeños pasos alcanzables.

Recuerda: el éxito consiste en tener una buena planificación, ser disciplinada y sobre todo ser constante.

NO SEAS CONFORMISTA Y BUSCA AVANZAR SIEMPRE UN PASO MÁS

No caigas en la trampa del conformismo, aunque parezca un sitio seguro y cómodo, porque el precio a pagar es enorme. Si te acomodas ahí, vas a desperdiciar mucho talento y a dejar pasar sueños que podrías haber logrado si hubieses arriesgado un poco más.

Para evitarlo, lo primero de todo, es identificar tu zona de conformismo. La zona de conformismo es donde te sientes cómoda y te conformas. Por ejemplo, ahora mismo yo vivo en una casa que no es la de mis sueños, pero en la que estoy cómoda y me podría conformar con vivir aquí.

Para identificarla, hazte las siguientes preguntas:

1. ***¿Busco nuevas oportunidades o solo busco soluciones cuando es estrictamente necesario?***

   Por ejemplo: si no me renuevan el alquiler, busco casa, pero mientras tanto no.

   ....

   ....

2. ***¿Hay algún objetivo que no estoy persiguiendo porque lo veo muy complicado de conseguir?***

   Por ejemplo: no busco casas en Madrid porque siento que es imposible que pueda pagar algo mejor.

   ....

   ....

3. *¿Tomo decisiones que me lleven a un punto mejor o simplemente intento que todo siga siendo igual que siempre?*

Por ejemplo: en lugar de buscar nuevos clientes para poder ganar más y vivir en una casa mejor, simplemente espero seguir teniendo los mismos clientes para así poder pagar donde vivo.

....

....

Completa la siguiente tabla para ver en qué punto estás en cada una de las áreas de tu vida. Hazte las preguntas de arriba para cada una de ellas y evalúa tu situación.

	ESTANCADA	AVANZANDO
Salud		
Trabajo		
Dinero		
Familia y amigos		
Amor		
Ocio		
Desarrollo personal		
Hogar		

Ahora que has podido identificar en qué áreas de tu vida necesitas avanzar, te propongo que hagas una cosa: invierte tiempo cada día/semana en hacer algo que te haga avanzar en cada una ellas. Por ejemplo, si te sientes estancada con tu desarrollo personal, busca un libro que puedas leer y que te ayude a avanzar en esta área.

Prioriza estas tareas para seguir avanzando y no te pongas excusas. Siempre que pienses algo como «no tengo tiempo para leer un libro», derriba esa excusa con una solución. Por ejemplo, «voy a quitarme media hora de usar las redes para poder leer un libro».

EL ÉXITO NO SE MIDE
POR DÓNDE ESTÁS,
SINO POR TODO LO QUE HAS AVANZADO
PARA ESTAR DONDE ESTÁS HOY.

12

APRECIA *tus* AVANCES

DEJA DE CREER QUE NO MERECES LAS COSAS BUENAS QUE TE PASAN

Deja de lado de una vez por todas el famoso síndrome del impostor que no te deja disfrutar de todo lo que ya has conseguido. ¿Vas a esperar a tenerlo todo para ser feliz? Siento decirte que entonces jamás vas a ser feliz.

Yo últimamente tiendo a pensar: «Jo, qué suerte poder ir a este evento o trabajar con esta marca o sacar un libro con Planeta». Y ¿sabes qué? No es suerte, llevo muchos años trabajando muy duro para conseguir todo lo que estoy consiguiendo hoy en día. Por eso he aprendido a valorar lo que con mucho trabajo estoy consiguiendo. Por supuesto, estoy muy agradecida por ello, pero soy consciente de que si yo no le hubiese puesto tanto empeño al trabajo, nada de esto hubiese sido posible.

Todos los pequeños avances que vas haciendo día a día no son gracias a tener suerte.

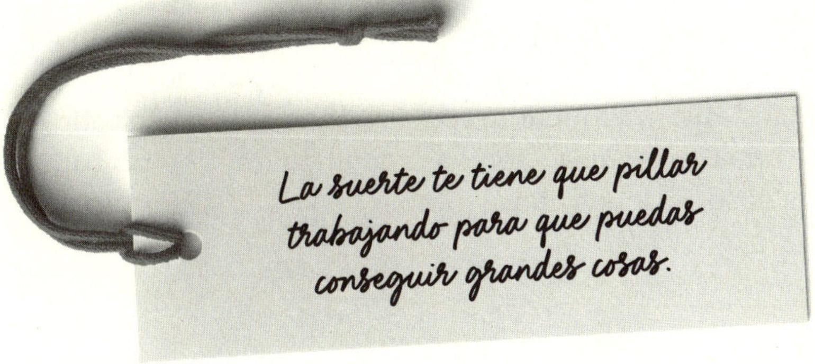

Así que no, no es suerte, es todo el trabajo que le estás dedicando lo que hace que estés consiguiendo cosas. Este hábito que muchas tenemos de atribuirlo todo a la suerte no solo te impide alegrarte como te mereces por todos los avances que estás consiguiendo, sino que además va a hacer que te frustres y acabarás pensando que no eres suficiente o que no te lo mereces.

Vamos a cambiar el «tuve suerte» a «lo conseguí porque...». Haz una lista de varios logros que hayas obtenido y pon por qué los has conseguido.

Por ejemplo: he sacado un libro con Planeta porque llevo muchos años trabajando en redes y, gracias a mi trabajo y esfuerzo, se me ha planteado la oportunidad.

Conseguí ________ *porque* ________

Conseguí ________ *porque* ________

Ahora que te has puesto a pensar en todo lo que has conseguido, ¿solo te salen dos cosas? Seguro que te salen muchísimas más, ¡venga, échale ganas y visualiza todo lo que has conseguido! Pon en esta línea del tiempo todas esas cosas que has conseguido:

Seguro que ahora ya no te haces de menos, ¿a que no? Pues agradece y abraza todo lo que has conseguido con tus méritos. Ser agradecido y practicar la gratitud no quiere decir que solo reconozcas que mereces algo, sino que también reconozcas que has trabajado mucho para lograrlo, estás agradecida de haberlo conseguido. Una cosa que a mí me ha funcionado increíble para esto es tener un libro de agradecimientos. Cada noche antes de dormir escribo cinco o diez cosas por las que estoy agradecida; pueden ser cosas como «tener la familia que tengo», «tener una casa en la que vivir» o «vivir de lo que me gusta». Seguro que encuentras motivos suficientes por los que agradecer.

CELEBRA TODAS LAS VICTORIAS QUE OBTENGAS

¿Nunca has sentido que la ambición te cegaba un poco? ¿Que estabas tan enfocada en tu objetivo final que no apreciabas los pequeños pasos que dabas por el camino? ¡Como si nada que estuviese por debajo del objetivo final valiese la pena!

No creas que debes tener un negocio multimillonario para sentir que estás teniendo éxito. De hecho, es importante que disfrutes del camino hasta conseguir tus sueños y que celebres cada logro, porque cada pequeño paso que das hacia tus sueños es un gran éxito en tu vida.

CONCEDE AL RECORRIDO EL VALOR QUE TIENE Y NO HAGAS DE MENOS TUS PEQUEÑAS VICTORIAS.

Una cosa que a mí me encanta es celebrarlo todo. Os prometo que es algo que me apasiona. Cada cosa, por insignificante que parezca, merece ser celebrada, porque eso te motivará a seguir luchando por el «premio grande». ¡Pruébalo! Celebra todas las pequeñas cosas: cuando consigues tus primeros mil seguidores, cuando consigues un cliente, cuando le pasa algo bueno a alguien a quien quieres, cuando consigues un puesto de trabajo o dejas uno con el que no estabas satisfecha... Cada pequeña cosa positiva que te acerque a sentirte exitosa, celébrala.

Y es que, sin motivación, es difícil que seas productiva. Ella será la que te dé la energía para ponerte en marcha. ¿Nunca te ha pasado que algo no te motiva nada y no eres nada productiva haciendo ese algo? A mí me ha pasado en varios trabajos. Sin embargo, hoy en día estoy muy motivada e ilusionada con mi agencia. Esto hace que cada día me levante con mucha energía para ponerme a hacer todas las tareas necesarias para que la empresa crezca.

Te propongo un ejercicio un tanto diferente para esto. Solo vas a necesitar tres cosas: un vaso o recipiente transparente, un bolígrafo y hojas de papel para escribir. Al final de cada día, escribe algo que hayas conseguido, da igual si es más importante o menos. Por ejemplo: he cerrado un nuevo cliente. Luego, mete el papel en el recipiente. Al final de cada mes, fija un día para sacar todos los papeles del tarro y leer cada logro. Haz que esta ocasión sea especial, puedes ponerte algo de música que te guste o tomarte algo mientras lo haces. Cuando lo hayas hecho, date un pequeño premio, ya sea irte a cenar, regalarte algún capricho... La idea de este ejercicio es que entrenes a tu mente para ver todo lo que estás progresando y a conectar con la gratitud.

DISFRUTAR DEL CAMINO ES TAN IMPORTANTE COMO LLEGAR AL FINAL

A lo largo de este libro hemos mencionado en varias ocasiones la importancia de disfrutar del viaje. Pero créeme, si te lo digo tanto, es porque es imprescindible. Eso es exactamente lo que tienes que hacer: disfrutar del viaje hasta conseguir esos objetivos que te has marcado, sentirte orgullosa de cada paso que vas dando por pequeño que te pueda parecer y aprender de cada situación que te vayas encontrando en la vida. Muchas veces nos centramos tanto en el objetivo final que no somos capaces de ver los pequeños logros que vamos consiguiendo.

Te pongo un ejemplo. Rubén y yo ahora estamos muy centrados en hacer crecer nuestra agencia de redes sociales. Tenemos metas muy ambiciosas, pero estamos disfrutando del camino porque sabemos que no vamos a conseguir de la noche a la mañana esas metas tan grandes que nos hemos propuesto. Si solo nos centrásemos en el objetivo final, no disfrutaríamos de los pequeños logros, como el hecho de haber triplicado la facturación del último mes. Aunque esta facturación todavía está lejos de nuestras metas finales, ¡es un gran logro!

HOY ESTÁS MÁS CERCA QUE AYER DE LO QUE TANTO QUIERES CONSEGUIR. DISFRUTA DE CADA PEQUEÑO LOGRO QUE VAS CONSIGUIENDO EN EL CAMINO; ESA ES LA VERDADERA PLENITUD.

Escribe tu carta de gratitud contando todos los aprendizajes que has sacado de este libro y que de hoy en adelante vas a aplicar en tu vida.

AGRADECIMIENTOS

Estar hoy publicando este libro es mucho más que solo escribir unas páginas; es un sueño hecho realidad. No creo en la suerte, creo en el trabajo duro y esto es el resultado de años de errores, aprendizaje, esfuerzo y, sobre todo, el apoyo de esas personas que siempre han creído y confiado en mí, hasta cuando ni yo misma creía.

Primero de todo, quiero agradecer a las personas que han sido y son los pilares fundamentales de mi vida. Nada de esto habría sido posible sin vosotros. Gracias por levantarme cada vez que me caía, por apoyarme y por impulsarme a ser un 1% mejor cada día.

A mi familia, que siempre ha estado ahí y ha sido mi refugio en las peores tormentas, gracias por confiar en que lo iba a conseguir hasta cuando las dudas eran más grandes que mis sueños. Vuestro apoyo ha sido mucho más importante de lo que os creéis.

Rubén, mi compañero de vida. No tengo palabras suficientes para agradecerte todo lo que has hecho por mí. Gracias por sostenerme cuando todo se derrumbaba, por motivarme a seguir adelante, por ser luz hasta en mis momentos de más oscuridad, por seguir luchando a mi lado, por formar la familia de nuestros sueños y por celebrar mis éxitos como si fuesen tuyos. Este logro es tan mío como tuyo.

Por último, pero no menos importante, a todo mi maravilloso entorno que ha confiado en mí desde el día uno. Gracias por formar parte de mi vida, sea como sea, y por aportarme todo lo que me aportáis.

Y a ti, querida lectora, espero de todo corazón que disfrutes de este libro tanto como yo he disfrutado escribiendo. Cada palabra, cada página, ha sido pensada y trabajada con la intención de transmitirte no solo conocimiento, sino también inspiración y respuestas a las preguntas que te han traído hasta aquí. Confío en que encuentres en estas líneas el impulso, las herramientas y las respuestas que necesitas para seguir adelante y conseguir tus sueños.

Este libro no es solo el reflejo de mi esfuerzo, sino también de todas las personas que han caminado a mi lado. Gracias por ser mi inspiración, mi fortaleza y mi motivo para seguir soñando.

Con todo mi cariño y gratitud,

Carmen Pina